Début d'une série de documents
en couleur

Conservant.

LA
PSYCHOLOGIE

COMME SCIENCE NATURELLE

SON PRÉSENT ET SON AVENIR

PAR

J. DELBŒUF

APPLICATION
DE LA MÉTHODE EXPÉRIMENTALE
AUX PHÉNOMÈNES DE L'AME.

BRUXELLES
LIBRAIRIE EUROPÉENNE C. MUQUARDT
ÉDITEUR DE LA COUR
45, RUE DE LA RÉGENCE, 45
MÊME MAISON A LEIPZIG

1876

OUVRAGES DU MÊME AUTEUR

ÉTUDE PSYCHOPHYSIQUE

RECHERCHES THÉORIQUES & EXPÉRIMENTALES

SUR LA MESURE DES SENSATIONS

(Muquardt, 1873)

THÉORIE GÉNÉRALE

DE LA SENSIBILITÉ

Mémoire contenant les éléments d'une solution scientifique des
questions générales relatives à la nature et aux lois de la
sensation, à la formation et au rôle des organes de sens, à
l'action de la sensibilité sur le développement physique et
intellectuel de l'individu et de l'espèce.

(Muquardt, 1876)

Fin d'une série de documents
en couleur

LA PSYCHOLOGIE

COMME SCIENCE NATURELLE

BRUXELLES

Typographie de M. Weissenbruch

IMPRIMEUR DU ROI

45, RUE DU POINÇON, 45

LA
PSYCHOLOGIE

COMME SCIENCE NATURELLE

SON PRÉSENT ET SON AVENIR

PAR

J. DELBŒUF

BRUXELLES
LIBRAIRIE EUROPÉENNE C. MUQUARDT
ÉDITEUR DE LA COUR
45, RUE DE LA RÉGENCE, 45
MÊME MAISON A LEIPZIG

1876

LA PSYCHOLOGIE COMME SCIENCE NATURELLE

SON PRÉSENT & SON AVENIR

----•----

I

NOTIONS DE L'AME & DU CORPS

« Connais-toi toi-même » avait dit le plus sage des oracles au plus sage des hommes. En donnant à Socrate ce précepte, Apollon n'avait fait que traduire en formule le besoin instinctif qui, du premier jour où l'homme intelligent apparut sur cette terre, l'a poussé à s'étudier lui-même pour se rendre compte de sa place dans l'univers.

Cette tâche quotidienne, l'humanité l'a accomplie jusqu'aujourd'hui avec une conscience de plus en plus sûre d'elle-même; dans ce siècle surtout, elle semble enfin avoir trouvé la véritable voie qui mène à la vérité. Dépassant de beaucoup la pensée socratique, l'homme ne se contente plus de s'adresser à lui-même pour avoir l'explication de sa nature, mais il interroge les annales de son passé, en remontant aussi loin que possible dans la nuit des temps même préhistoriques, et, pour s'éclairer, il demande à l'univers, dont il fait partie, les éléments qu'il recèle et qui peuvent conduire à la solution du problème. Langues, mythologies, religions, mœurs, institutions politiques, littératures, législations, histoire; astronomie, géologie, physique, chimie; botanique, zoologie, anatomie humaine et comparée, physiologie, embryogénie, nosologie : voilà le rapide aperçu de toutes les branches de l'activité humaine dont chacune tend à jeter un peu de lumière dans l'obscurité mystérieuse qui nous enveloppe.

La mise à contribution de toutes les sciences est évidemment le seul moyen rationnel pour aboutir dans ces recherches; car, si elles partent toutes de l'homme, elles ont l'homme pour objet, et la connaissance de nous-mêmes ne peut progresser qu'avec la connaissance du monde qui nous entoure.

Cependant, aujourd'hui encore, peu de philosophes de profession l'entendent de cette façon. Beaucoup s'en tiennent souvent à l'empirisme, à la méthode pure et simple de l'observation extérieure, contre laquelle Socrate avait déjà réagi; d'autres, au contraire, interprétant dans un sens étroit la pensée de l'oracle, comme d'ailleurs Socrate aussi l'avait fait, s'en rapportent uniquement à l'intuition ou à la méthode spéculative. Les premiers arborent, en général, la bannière du matérialisme; les seconds, celle du spiritualisme. La lutte entre les deux systèmes est plus ardente que jamais et engagée de part et d'autre avec toutes les armes dont on peut disposer. L'un appelle à son secours toutes les découvertes des sciences naturelles et en fait un grand étalage; l'appareil de ses forces augmente de jour en jour; l'autre se retranche dans sa vieille forteresse et compte sur la valeur de ses vieux soldats, se contentant tout au plus d'attaquer directement les auxiliaires les plus récents de son éternel ennemi, parmi lesquels il range, comme le plus redoutable, le darwinisme.

La tactique des uns et des autres est assez curieuse. Les matérialistes voient des arguments en faveur de leur thèse dans chaque progrès des sciences physiques et biologiques. Les spiritualistes, agissant en cela souvent à l'étourdie, commencent toujours par repousser avec indignation et colère les résultats nouveaux de la science, mais ils finissent par s'en accommoder, et essayent même de les faire tourner à leur avantage. Ainsi les avons-nous encore vus se conduire dans ces derniers temps.

Darwin venait d'assurer la prépondérance de la doctrine de l'évolution, en démontrant que la variabilité des types spécifiques est une conséquence nécessaire de faits scientifiques indiscutables : la sélection naturelle et la concurrence vitale. Des esprits clairvoyants, plus hardis que ne le fut d'abord Darwin dans l'expression complète de leur pensée, avaient indiqué nettement la question de l'origine de l'homme comme devant recevoir une solution conforme au principe du transformisme. Le spiritualisme attaqua l'œuvre de Darwin et les travaux de ses disciples ; il défendit avec acharnement la notion de l'espèce invariable et, par conséquent, créée tout d'une pièce. Mais on ne peut nier que le darwinisme ne fasse des progrès de plus en plus marqués, et que le jour n'est pas éloigné où il faudra admettre, sinon toutes, du moins une grande partie des idées du naturaliste anglais. Le spiritualisme pressent ce moment et se montre dès maintenant disposé à sacrifier ses notions et ses convictions antérieures sur l'espèce, réservant toutes ses forces pour défendre l'origine particulière de l'homme. Et plus tard, sans aucun doute, fût-il démontré à l'évidence que l'homme est frère ou cousin du singe, qu'il descend comme l'orang-outang ou le gorille d'un primate anthropomorphe, le spiritualisme reprendra sa thèse favorite et pourra soutenir, non sans raison, que cette origine reconnue ne détruit en rien le caractère distinctif de l'homme ; que, parmi toutes les formes animales, la forme humaine a été choisie par Dieu pour être le tabernacle d'une âme raisonnable et immortelle. C'est ainsi que nous voyons le texte de la Genèse recevoir une interprétation d'abord littérale, puis insensiblement une explication de plus en plus élastique qui permette de l'accommoder aux découvertes inébranlables de l'astronomie et de la géologie [1].

[1] J'ai lu récemment, dans la *Revue catholique*, je crois, le compte-rendu d'un ouvrage de je ne sais plus quel abbé français qui démontre que Moïse, dans sa Genèse, est darwiniste. On m'affirme, d'un autre côté, que le discours prononcé par M. d'Omalius d'Halloy, le 16 décembre 1873, à l'Académie de Belgique, et reproduit par la *Revue scientifique*, quoique

Depuis des milliers d'années ces deux doctrines sont en présence, se combattent opiniâtrement, essayent de se terrasser, chantent victoire, sans qu'on puisse dire avec quelque raison que l'une ou l'autre ait définitivement triomphé. Quand on se demande quelle est la cause de l'inanité de leurs efforts, on s'aperçoit bientôt que les deux champions choisissent séparément le terrain du combat, qu'ils se défient de loin, luttent parfois contre une ombre, en croyant attaquer le véritable adversaire, et que jamais ils ne se rencontrent sérieusement. Un large fleuve les sépare ; ce fleuve, c'est la différence de la méthode, du point de départ, des faits primordiaux observés et d'où l'on tire les conséquences. Les matérialistes partent de la nature sensible, des minéraux, des plantes, des animaux, découvrent des lois géométriques, physiques, chimiques, physiologiques ; ils ne se préoccupent en aucune façon des faits intellectuels et moraux. La grammaire, les littératures, les législations, les religions ne les touchent guère et, s'ils en parlent, c'est pour affirmer gratuitement que ces faits doivent s'expliquer de même par la chimie et la physique, car hors de là il n'y a pas de salut. Le spiritualiste, au contraire, le philosophe spéculatif, part des phénomènes qu'il observe dans sa pensée, constate en lui les notions du vrai, du beau, du bien, de la liberté, du droit, du devoir, de Dieu, toutes notions qui, jusqu'à preuve du contraire (et cette preuve n'a pas encore été donnée), ont des caractères, semble-t-il, incompatibles avec ceux des phénomènes matériels.

Il y a donc lieu de déterminer le champ du débat, de poser nettement la question, de critiquer les réponses qui y sont prématurément données, d'indiquer la voie à suivre pour en faciliter la solution, et l'on arrivera à cette conviction que ce problème, le plus redoutable de tous, laisse tout au plus soulever un des coins du voile qui le recouvre, et tout juste assez pour nous en faire entrevoir la mystérieuse

complétement favorable à la doctrine du transformisme, a été approuvé, dans les hautes sphères catholiques, comme ne renfermant rien de contraire à la plus stricte orthodoxie.

profondeur. Nous essayerons de démontrer, par l'analyse même de ses termes, que, pour être abordé avec fruit, non seulement il réclame l'alliance des deux procédés, mais encore qu'il doit emprunter de ses données aux autres sciences, et qu'il exige en outre l'emploi d'une méthode propre.

Avant tout, nous voulons adresser une prière à nos lecteurs : s'ils appartiennent déjà à une école philosophique déterminée, qu'ils veuillent bien lire sans parti pris les pages suivantes. Nous y parlons de l'âme et du corps, et nous tentons de les définir. Il ne faut donc pas que le matérialiste ou le spiritualiste jette le livre, parce que, dès l'abord, nous choquerons peut-être les idées qu'ils caressent. Nous demanderons encore qu'on ne s'offense pas *a priori* des termes métaphoriques auxquels nous sommes obligé d'avoir recours, parce que l'homme, quand il parle des animaux, ne peut que se servir de son propre langage. Nous n'avons pas l'intention de profiter d'une métaphore pour faire des paralogismes. Si, en parlant de l'animal en général, nous lui attribuons l'intelligence, la volonté, la conscience, la faculté de distinguer le moi du non-moi, nous n'entendons nullement, sans preuve, les assimiler à l'homme. Nous nous servons de ces expressions, faute d'autres; mais elles ne sont, en tout cas, susceptibles que d'un sens restreint déterminé par le texte. Une application fera saisir notre pensée.

L'état actuel d'un être quelconque est dans une dépendance absolue à l'égard des circonstances dans lesquelles il est placé. Ainsi, la température d'un corps s'élèvera, si celle du milieu ambiant s'élève. C'est ce qui arrive à tout être, qu'il soit sensible ou non. Mais, s'il est sensible, il se passera en outre en lui un autre phénomène que l'élévation de température; il ressentira l'impression reçue, *il aura chaud*, ou encore, *il se dira* : j'ai chaud; il portera un *jugement* sur son état, il aura la *conscience* d'une modification dans sa nature; son *sens intime* l'avertira d'un changement survenu en lui. Je viens de me servir, pour rendre ma pensée, des mots *jugement, conscience, sens intime*, faute d'autres; car il m'est impossible de me soustraire au langage analogique lorsque je veux analyser chez autrui les phénomènes psychiques de la sensibilité, vu que je ne connais intimement que ceux qui se passent en moi, et ne puis que les supposer chez les autres. Mais, dis-je, en employant ces expressions, je ne veux en aucune façon leur donner un sens qui aille au delà du texte. Mon intention n'est pas d'assimiler *subrepticement* et dès maintenant, grâce à une métaphore, ce jugement : *j'ai chaud*, que l'embryon et l'infusoire peuvent énoncer, avec un jugement réfléchi tel que celui-ci : *j'écris*. Le lecteur doit y voir uniquement la description d'un fait, rendue sensible par l'emploi de métaphores analogiques.

1. La distinction entre l'âme et le corps est universelle, et s'applique à tous les êtres sensibles. Ces termes éveillent dans l'esprit de tout homme une idée précise. Un problème dès lors se présente : Quels sont les rapports de l'âme et du corps ? Pour le résoudre, il faut d'abord en définir les termes, et, par suite, remonter au principe de la distinction.

Dans tous les temps, dans tous les pays, et sous tous les degrés de civilisation, les hommes ont toujours distingué en eux l'esprit et le corps. Toutes les langues, depuis les plus informes, celles des sauvages, jusqu'à celles des peuples voués au matérialisme le plus raffiné, ont des mots répondant plus ou moins à ceux d'âme et d'esprit, et puisqu'ils ont le mot, ils ont nécessairement l'idée correspondante. On peut créer un mot pour désigner une chose imaginaire, une chose impossible même, mais non pour désigner une chose dont on n'aurait aucune idée. Voilà le fait; et ce fait a en soi une portée incontestable.

De là résulte un autre fait tout aussi significatif. C'est que tous les hommes se comprennent quand ils parlent de l'âme ou de l'esprit, quelle que soit d'ailleurs l'opinion qu'ils professent touchant sa nature. La langue des philosophes matérialistes comprend le mot *âme* comme celle des philosophes spiritualistes. Cette proposition : *Nous avons une âme distincte du corps*, est tout aussi claire pour ceux qui la nient que pour ceux qui l'admettent.

De plus, tout être sensible, en général, nous apparaît, à première vue, comme renfermant une double nature, une nature corporelle se manifestant par des phénomènes corporels, une nature psychique se manifestant par des phénomènes psychiques; en d'autres termes, il se présente à nous comme composé, lui aussi, d'une âme et d'un corps. La Fontaine comprenait Descartes, et Descartes se comprenait lui-même quand il niait que les bêtes eussent de l'esprit.

C'est assez le dire : en dépit des théories diverses souvent opposées ou contradictoires qu'on émet sur la nature et même sur l'existence de l'âme ou du corps, ces mots ont une signification suffisamment nette et accessible à tout esprit.

Un problème, dès lors, s'impose à la réflexion : Quels sont les rapports de l'âme et du corps? C'est à dire, sont-ils identiques ou différents substantiellement? ou bien l'un des deux seulement est-il une réalité et l'autre un mot? ou bien encore n'y a-t-il là que deux mots destinés à grouper les phénomènes émanant d'un seul et même être? Voilà la question. Mais, pour la résoudre, il faut, au préalable, en *définir* les termes, c'est à dire trouver pour l'âme et le corps une définition acceptable par tous et qui exprime *réellement* l'idée que l'on a en vue quand on prononce ces mots.

Mais cette définition, à son tour, n'est possible que si nous remontons au principe de la distinction. La marche à suivre est, dès lors, tout indiquée.

La distinction est-elle primitive?

Si elle ne l'est pas, quelle est la distinction primitive ou le premier acte de la connaissance?

Comment est-elle possible, ou quelle est la condition fondamentale de la connaissance?

Si nous réussissons à traiter convenablement ces points, nous aurons en même temps, outre la définition des termes du problème, une réponse à cette question : *Qu'est-ce qu'un animal?* acheminement vers cette autre question : *Qu'est-ce que l'homme?* puis une réponse à cette troisième question : *Comment le connaître?*

II. La distinction entre l'âme et le corps n'est pas primitive. Le premier acte de la connaissance est la distinction du moi et du non-moi. Pour que cette distinction soit possible, il faut que l'être puisse, par un effort volontaire et senti, se donner des sensations à lui-même, c'est à dire, qu'il ait le sentiment de la motilité.

La distinction entre l'âme et le corps n'est pas primitive. L'enfant — ni probablement l'animal — ne distingue pas en lui une double nature. Il se sent un et s'oppose comme tel à ce qui n'est pas lui. C'est ce qui ressortira davantage à mesure que nous avancerons dans notre étude.

La distinction primitive est celle du moi et du non-moi. La distinction entre l'âme et le corps est consécutive. Sur quoi repose cette distinction première?

On la fait dépendre quelquefois, mais à tort, d'une propriété *caractéristique* du sens du toucher. Tout corps que je touche ou qui me touche provoque en moi, dit-on, une sensation toute particulière. Or, lorsque je me touche moi-même, lorsque ma main, par exemple, presse mon bras, comme il y a à la fois deux parties en contact, j'éprouve dans ma main et dans mon bras deux sensations réciproques, le bras et la main donnant et recevant à la fois l'impression. Le jeune chien qui veut jouer avec sa queue, comme si c'était un corps étranger, ne tarde pas à s'apercevoir que c'est une partie de lui-même et qu'il ne peut la blesser sans qu'il éprouve de la douleur; mais si une main hostile vient à la saisir, il mordra cette main, sans que la chose mordue lui fasse ressentir aucune souffrance.

Cette propriété contribue à coup sûr à me faire connaître l'étendue de mon être. Mais si le corps humain était construit de manière à ne pouvoir se toucher, comme le corps de certains mammifères, celui d'un grand nombre de lézards, de la plupart des poissons et des espèces animales inférieures, si l'on naissait sans bras ni jambes, serait-on incapable de distinguer le moi du non-moi? On ne pourrait sérieusement le soutenir. De plus, il y a là une pétition de principe; car il ne nous a pas été dit à quoi je reconnais que la partie que je touche est moi-même, et c'est pourtant par là qu'on doit

commencer. Enfin, nous verrons plus tard que cette explication est inexacte, et que l'être sensible doit parfois, dans
certaines conditions, regarder comme étant lui, ce qui est
autre que lui.

Nous allons établir que l'animal distingue le moi du non-
moi, *à la seule et unique condition* qu'il puisse, par un effort
volontaire et senti, se donner des sensations à lui-même.

L'être sensible est placé en présence du monde extérieur,
et l'altération des rapports dans lesquels il se trouve à son
égard se traduit chez lui par des *sensations*. La sensation est
donc le produit de deux facteurs, de deux causes, de deux
composantes, à savoir l'être et le reste de l'univers. Mais
comment cet être peut-il démêler dans sa sensation la part
du moi et celle du non-moi? comment même peut-il soupçonner que ce n'est pas un phénomène simple, non susceptible
d'analyse? Il s'agit de résoudre une équation à deux inconnues; il faut évidemment en éliminer une. Nous avons une
résultante de deux composantes; il est nécessaire d'isoler
l'une des deux pour connaître l'autre. La sensation est
comme un corps binaire; pour en connaître la composition,
il faut dégager au moins l'un des éléments. Il faut donc que
l'être puisse se rendre compte d'un état dont lui seul soit la
cause; il faut, en un mot, qu'il puisse se donner des sensations à lui-même, volontairement, c'est à dire en sachant que
c'est lui qui se les donne[1].

---

[1] Voir dans notre *Essai de logique scientifique*, Liége 1865, une
déduction analogue, mais plus générale (p. 104 et suiv.). Un phénomène
réel, A, y disons-nous, ne nous est pas connu en lui même, mais seulement dans son rapport avec nous, ou sous la forme de l'idée a que
nous en avons. On peut donc poser que A est fonction de a et de X,
X représentant la nature de notre faculté connaissante. On a ainsi
l'équation : $A = f(a, X)$. Or, on voit que A ne peut être connu que si X est
connu, c'est à dire, que si l'esprit se connaît lui-même. Nous y disons
encore (préf. p. XVI et suiv.) : La forme de l'objet, la forme du miroir, la
forme de l'image, voilà trois termes indissolublement unis. Changez l'un,
les autres seront altérés. L'image, c'est l'idée qui est connue sans intermédiaire. La forme du miroir, c'est la nature particulière de ma faculté
connaissante. Si je ne la connais pas, il m'est interdit à jamais de dégager
l'objet; et si je la connaissais complétement, rien ne serait plus certain
que la possibilité d'acquérir des notions exactes touchant l'objet. Mais je

Avant de développer cette proposition, expliquons-la par un exemple sur lequel nous devrons revenir, parce que, clair et simple en apparence, il est au fond assez compliqué. L'enfant crie et il a le sentiment des efforts qu'il fait pour crier; en même temps, il a une sensation auditive. Comme celle-ci vient toujours à la suite de ces mêmes efforts, il ne tarde pas à s'apercevoir qu'il a le pouvoir de se donner une sensation auditive d'une nature particulière, et il pourra en venir à s'amuser de ses propres cris.

Ce premier pas de fait, il avance rapidement dans la voie de ses découvertes; il apprend qu'en remuant les bras et les jambes, il peut se donner des sensations tactiles, des sensations visuelles. Mais en même temps il s'aperçoit qu'une seconde série de sensations de toute nature n'a pas une source identique et dépend d'autre chose que de lui. C'est malgré lui qu'il entend la voix de sa mère; si elle se tait et qu'il désire l'entendre, il ne peut de lui-même reproduire les sons agréables qui frappaient son oreille. Il voit autour de lui des mouvements qui ne sont pas accompagnés en lui des sensations musculaires qu'il éprouve quand il remue, par exemple, ses bras devant ses yeux. *En même temps* donc qu'il vient à se connaître, qu'il acquiert la conscience de son existence, il constate qu'il n'est pas à lui seul tout ce qui existe; qu'il y a en dehors de lui des choses qui ne sont pas lui, il arrive à la conviction que son existence est coordonnée à d'autres existences. Alors seulement il peut songer à s'enquérir de l'étendue de son propre individu.

Maintenant que nous avons éclairci le sens de notre proposition, nous avons à la reprendre dans toute sa généralité.

Un être, avons-nous dit, n'arrive à la distinction du moi et du non-moi, en d'autres termes, n'est capable de connaissance qu'à la seule condition de pouvoir se donner des sensa-

ne la connais qu'imparfaitement; de là mes idées imparfaites concernant les choses. Seulement, l'homme fait tous les jours des progrès de plus en plus marqués dans la connaissance de lui-même, et toutes les sciences viennent tour à tour jeter un rayon de lumière sur les mystères de notre nature. De manière que la connaissance de l'univers et la connaissance de nous-mêmes progressent de concert, et que l'une entraîne l'autre.

tions à lui-même. Or, quelles sont les sensations fondamentales que tout animal peut se procurer? L'expérience nous apprend que ce sont des sensations motiles, ou, pour nous servir d'une expression plus claire, mais moins exacte et moins générale, des sensations musculaires. On n'a pas encore, en effet, rencontré d'animal, si simple qu'il soit, qui n'ait *au moins* la faculté d'exécuter des mouvements.

La position des différentes parties de mon corps peut être due à ma volonté ou à des causes extérieures; en d'autres termes, le mouvement peut être *actif* ou *passif*.

De même qu'on peut mouvoir les membres d'un cadavre, de même on peut déplacer ceux d'un être vivant et sensible. C'est là ce qu'on peut appeler un *mouvement passif*. La secousse procurera, en général, au patient une sensation *sui generis*, qui l'informera d'un changement dans sa manière d'être. Tel n'est pas le *mouvement actif* dont le principe est dans l'être lui-même, et qui est provoqué par une cause quelconque. Ce mouvement puise son origine dans un acte volontaire du sujet, à prendre le mot *volonté* dans un sens très large. Cet acte volontaire, ce déploiement d'énergie interne est accompagné d'une certaine sensation. L'individu se sent autre quand *il veut* et quand *il ne veut pas*. Le mouvement suit la volonté; et il est à son tour accompagné d'une modification soit uniquement du sens musculaire, ou plus généralement du sens de la *motilité*, soit aussi d'un autre sens; et le sujet, à la suite d'une série plus ou moins longue d'expériences de cette nature, finit par s'apercevoir qu'il peut se donner à lui-même des sensations.

C'est un fait universellement constaté, tous les animaux que nous connaissons ont la faculté de changer volontairement de *forme*, en ce sens qu'ils peuvent modifier la position respective de leurs organes, et la plupart peuvent se transporter d'un lieu à un autre.

Ils sont avertis de ce changement de forme par un changement dans leur sensibilité, et d'un autre côté, ils savent que l'état différent de leur sensibilité s'est montré à la suite d'un déploiement d'effort qu'ils ont également senti. Après un plus ou moins grand nombre d'expériences, ils en viennent à reconnaître qu'ils ont un certain domaine en leur puissance. Mais *en même temps* ils s'aperçoivent que cette puissance est limitée. Parfois, à la suite de l'effort, le changement qu'ils avaient en vue n'arrive pas, ils n'éprouvent pas la sensation motile correspondante, parce qu'un obstacle extérieur est venu s'opposer à l'effet attendu du déploiement d'énergie interne. L'animal reconnaît alors qu'il y a en dehors de lui une autre chose qui circonscrit son pouvoir, qui lutte avec lui et qui lui résiste victorieusement. C'est là chez lui le premier acte de connaissance.

Je me suis servi tantôt des mots : *sens musculaire, effort musculaire*. On conçoit maintenant en quoi ces expressions sont trop restreintes. N. us ne voulons pas dire qu'un anima n'est tel qu'à condition d'avoir un appareil musculaire comme celui des animaux supérieurs; nous entendons uniquemen par là que l'animal doit avoir la faculté de *se mouvoir* et de *sentir son effort*. Et, notons-le bien, ce sentiment est, à proprement parler, la condition *sine qua non* et caractéristique sans laquelle il ne peut être rangé dans la classe des animaux, c'est à dire, des êtres doués de connaissance.

Les plantes se meuvent, puisqu'au moins elles croissent et qu'elles cherchent par leurs feuilles, la lumière, par leurs racines, l'humidité. Mais si nous admettons qu'elles ne s'aperçoivent pas de leurs mouvements, nous ne pouvons dire qu'elles appartiennent au règne animal[1].

Nous ne voudrions pas affirmer, au surplus, qu'on ne puisse concevoir théoriquement l'existence d'êtres sensibles qui

---

[1] En disant cela, je choque peut-être certaines idées qui ont généralement cours parmi les transformistes. Pour eux, les animaux et les plantes sont deux rameaux sortis d'une même souche, les protozoaires, et ne se distinguent qu'au point de vue morphologique et physiologique. Je ne sais ce qui en est de cette descendance. Pour moi, je ne suis pas actuellement disposé à croire, pour des raisons que j'exposerai plus tard, que la sensibilité et l'intelligence puissent apparaître là où elles ne sont pas en germe. En conséquence, vu certains faits présentés notamment par la sensitive et les plantes carnivores, je n'hésite pas à accorder aux plantes la sensibilité tout en leur refusant le sentiment de la motilité.

seraient tels, grâce à une autre sensibilité fondamentale. Les vers luisants se donnent certainement à eux-mêmes des sensations lumineuses ; peut-être la torpille et le gymnote peuvent-ils se donner des secousses électriques. Il peut se faire qu'il existe des animaux absolument incapables de se mouvoir. J'entends le mot dans le sens de *changer de lieu*. Mais, dans tous les cas, la qualité fondamentale, essentielle, qui fera d'eux des êtres sensibles et connaissants, c'est celle de pouvoir se donner volontairement, par un déploiement *senti* d'énergie, des sensations analogues à celles qu'ils peuvent recevoir du monde où ils sont placés. Et, à parler d'une façon absolue, tout développement d'énergie est, au fond, un mouvement ; seulement, il peut ne pas se manifester dans l'espace et être simplement moléculaire.

On voit maintenant pourquoi, en donnant l'exemple de l'enfant qui crie et qui entend ses propres cris, nous avons annoncé que nous devions y revenir parce que, au fond, il est plus compliqué qu'en apparence. Car le cri, en supposant que l'enfant fût sourd, n'en serait pas moins pour lui une occasion de se douter de l'empire qu'il a sur lui-même. L'émission de la voix, en effet, est précédée d'un déploiement de force provoqué par la faim, la soif, la douleur, peu importe, et ce déploiement de force, il le sent, et il sent en même temps une modification de son individu produite par les contractions de son larynx, sensation qu'il apprend bientôt à reconnaître comme ayant sa cause immédiate dans sa volonté.

Enfin, dernière observation, il n'est pas nécessaire que ce soit l'individu lui-même qui fasse ces expériences et commence son éducation. L'expérience, transmise par les parents, peut se manifester chez lui sous forme d'instinct. C'est ainsi que nous voyons les poulets, au sortir de l'œuf, se conduire et chercher déjà par eux-mêmes leur nourriture. Comme toute génération se réduit, en dernière analyse, à une division, on conçoit sans peine que la partie possède en réalité ou virtuellement les propriétés du tout.

III. Connaissance de l'étendue du moi. *Le moi* est pour l'être sensible ce qui lui procure toujours une même sensation, chaque fois que sa volonté est la même. *Le non-moi* est pour lui l'ensemble des autres causes.

Cela établi, voyons comment l'animal obtient la connaissance de l'étendue de son propre individu.

Il résulte de ce que nous avons dit, que l'animal regarde comme étant lui, comme faisant partie intégrante de son être, tout ce qui lui procure, *du moment où il le veut*, une sensation déterminée et attendue. L'huître regarde évidemment comme une portion d'elle-même ses deux valves, et probablement la roche sur laquelle elle s'attache. Supposons un zoophyte qui est fixé sur une pierre dans l'excavation d'un rocher. Chaque fois qu'il étend ses bras, il en touche les parois; celles-ci doivent, à son sens, faire partie de lui-même et sont pour lui ce que sa coquille est au colimaçon. Le polype qui, chaque fois qu'il sort de sa demeure, voit toujours autour de lui les mêmes objets immobiles, s'identifie avec eux. Ainsi, l'enfant qui ne sortirait jamais de son berceau pourrait croire que ce berceau est une partie de son être; et si nous venions au monde avec des vêtements qui ne nous quitteraient pas, ils nous apparaîtraient comme appartenant à notre personne, au même titre que les poils, les cheveux, les ongles, l'épiderme. En un mot, l'animal regarde comme n'étant pas différent de lui ce qui lui procure toujours une même sensation, chaque fois que sa volonté est la même. Le non-moi, c'est pour lui tout le reste; ce qui agit sur lui sans la participation de sa volonté et malgré sa volonté. C'est la source de l'imprévu, de l'inattendu, des surprises. Il peut se tromper sur son étendue comme sur celle du moi. Il peut la juger ou moindre ou plus grande que la réalité. Si, avant toute expérience postérieure, l'homme avait la possibilité de regarder ce qui se passe en lui, s'il pouvait voir son cœur battre, son sang circuler, certes, il considérerait au premier abord ces organes comme étant étrangers à son être, parce que leurs mouvements ne sont pas et ne peuvent être voulus. Il finirait néanmoins par les attribuer au *moi*, à la suite d'une étude plus complète, comme nous venons de le faire voir.

Une observation curieuse que me signale mon collègue, Édouard Van Beneden, justifie pleinement cette manière de voir[1]. On sait que les êtres les plus élémentaires connus, ceux dont l'organisation est plus simple que la cellule même, et qui, étant privés de toute partie différenciée n'ont, à proprement parler, pas d'organisation, sont les monères. Ce sont de petits amas d'un liquide albuminoïde doués de mouvement. Ces espèces de gouttelettes se remuent dans le fluide qu'elles habitent, en changeant leur forme, en projetant de leur propre substance des prolongements en guise de bras. Or, si par suite d'une cause quelconque deux bras d'une même monère viennent à se toucher, il arrive qu'ils se soudent par leurs extrémités et ils forment ainsi un anneau de substance albuminoïde; puis, sous l'influence des contractions de la matière qui les constitue, le diamètre de l'anneau diminue progressivement, et le vide central finit par s'effacer. Si, au contraire, deux bras appartenant à deux monères se rencontrent, jamais il n'y a confusion, jamais la substance de l'une ne coule dans l'autre.

Admettons que la monère soit un animal, et analysons le fait. La monère, en projetant ses bras, se heurte parfois à des

[1] La monère chez laquelle M. Van Beneden a fait cette observation est la *Palomyxa palustris*, récemment décrite par R. Greeff. Le corps ne mesure pas moins de deux à trois millimètres de diamètre, circonstance très favorable à l'observateur. Si deux ou trois individus se meuvent sur un porte-objet, ils en arriveront nécessairement, au bout de quelques instants, à se toucher par les bras qu'ils projettent au dehors. Une observation semblable sur les Arcelles a été faite, il y a longtemps déjà, par M. Peltier; elle a été confirmée depuis par Dujardin. Ces savants avaient remarqué que les expansions filiformes des Difflugies ou des Amibes se soudent, quand elles sont projetées par un même individu, tandis qu'elles se touchent sans se souder, si elles émanent d'individus différents. « Je ne voudrais pas, ajoute à ce propos Dujardin, entrer dans une discussion sérieuse sur la volonté, sur le moi des Infusoires, comme l'ont fait pourtant des philosophes célèbres. » (DUJARDIN. *Infusoires*, dans les *Suites à Buffon*, p. 28.) Je regrette de ne pas connaître ces discussions. Voir aussi dans le même auteur, rapportées avec plus de détails, des observations analogues faites sur la Gromie oviforme.

＝ 20 ＝

corps étrangers. La sensation qu'elle éprouve lui a été donnée, à ce qu'elle croit d'abord, par elle-même; mais lorsque, à la suite d'un pareil mouvement, la barrière n'étant plus là, l'impression ne s'est pas produite, elle a fini par reconnaître que cet obstacle n'était pas elle. Il n'en est pas de même quand deux de ses bras s'arrêtent mutuellement. La sensation qu'elle éprouve dans ce cas, elle peut la reproduire tant qu'elle veut, et elle acquiert ainsi peu à peu une connaissance suffisante de l'étendue de son être. On voit maintenant que si deux monères se mettent en contact, elles ne peuvent, en tant qu'individus distincts, se mélanger en aucune façon, car chacune d'elles est étrangère à l'autre, et leurs volontés se contrarient.

On conçoit du reste, sans qu'il soit nécessaire d'en dire davantage, quelle expérience l'animal doit acquérir comme individu, ou posséder comme issu de l'espèce, avant d'être renseigné plus ou moins approximativement sur l'étendue de son moi, combien de fois il doit réformer des jugements erronés, et que de choses sont par lui attribuées souvent à tort au moi ou au non-moi. D'ailleurs, cette question, facile à résoudre en théorie, est presque insoluble en pratique. Qui oserait fixer, par exemple, le moment où l'huître avalée par le gourmet cesse d'être *elle* pour devenir *lui?* Et, à l'inverse, à quel instant une sécrétion cesse-t-elle de faire partie de l'animal d'où elle sort? Heureusement, l'explication de ces difficultés n'est pas nécessaire au but que nous avons en vue.

IV. Le moi, en tant que connu directement et par un acte intuitif, apparaît primitivement comme un et indivisible. Mais quand on a recours au procédé par lequel on discerne le non-moi, à savoir le sens externe, on constate qu'une partie du moi peut être connue par ce procédé, c'est le *corps*; l'autre partie, qui n'est connue que par le sens interne, est l'*âme* ou l'*esprit*, ou le *moi* dans le sens restreint et abusif de ce dernier mot.

Rapprochons-nous maintenant du point qui nous intéresse principalement, la distinction de l'âme et du corps, qui doit, avons-nous dit, résulter de celle du moi et du non-moi.

L'enfant est donc parvenu à distinguer son moi du non-moi. Il est averti *directement* de l'existence du moi, il *conclut* l'existence du non-moi. Le moi, c'est ce qui lui obéit, le non-moi, c'est ce qui ne lui obéit pas. Il domine l'un et subit l'autre. Mais, s'il fait cette différence, il ne faut pas croire qu'il distingue déjà en lui une âme et un corps. Il dira alors, comme du reste il le dira plus tard et toujours : J'ai deux bras, j'ai deux jambes, une mouche est sur moi, le chien m'a mordu ; et d'un autre côté : Je souffre, j'ai du plaisir, je veux, j'ai peur, j'aime, je me souviens.

Sous ce rapport, sa langue est tout aussi correcte que celle des hommes faits, et il ne faudrait pas croire, avec beaucoup de penseurs, qu'elle en deviendrait plus philosophique parce qu'il dirait : Mon âme pense, et mon corps grandit, au lieu de : Je pense, je grandis. Car *mon âme* et *mon corps* signifient *l'âme de moi, le corps de moi,* c'est à dire que le moi se place au dessus de l'âme et du corps, comme possédant l'un et l'autre, et comme étant plus, par conséquent, que chacun d'eux pris séparément.

D'ailleurs encore — et cet argument est sans réplique — si le terme *moi* et le terme *âme* étaient identiques, quand je dis *mon bras* ou *mon corps,* cela signifierait *le bras de mon âme, le corps de mon âme,* puis, *le bras de l'âme de mon âme,* etc. Et pour faire disparaître la prétendue métaphore renfermée dans des expressions comme celle-ci : *certaines parties de mon corps obéissent à ma volonté,* on tomberait dans un langage ridiculement compliqué, sans même atteindre le but qu'on se propose.

Le moi, c'est donc l'individu, corps et âme, considéré dans son unité indivisible. On dit : je grandis, je maigris, je perds mes dents, je grisonne, je deviens chauve, je suis écorché, j'ai des engelures, j'ai la peau noire etc., aussi légitimement que l'on dit : je pense, je sens, je me rappelle, je réfléchis, je raisonne, je rêve, je calcule, je désire, je crains. Ainsi sont donc parfaitement corrects, quoi qu'en dise Jouffroy, le mot *suicide* et la phrase : *je me tue.* D'un autre côté, nous accordons que l'on peut donner au terme *moi* le sens restreint d'*âme* ou d'*esprit*. Nous userons nous-même souvent de cette faculté. Seulement, il ne faut pas perdre de vue que cet emploi du mot est abusif et contraire au langage ordinaire, si l'on ne veut pas s'exposer à commettre des raisonnements vicieux.

De la distinction première entre le moi et le non-moi va découler la distinction de l'âme et du corps.

Pour le démontrer, il nous faut rechercher comment nous parvenons à la connaissance de ce que nous appellerons plus tard notre corps.

Nous avons vu l'enfant en arriver à la *conclusion* de l'existence d'un non-moi, c'est à dire d'une collection d'êtres plus ou moins semblables à lui-même, mais indépendants de lui-même. Il ne voit ni n'entend sa mère quand il le veut ; il ne voit pas la lumière quand il le veut ; en un mot, il pressent qu'il y a en dehors de lui d'autres volontés que la sienne. C'est de cette façon qu'il exerce peu à peu ses sens et qu'il finit par reconnaître, d'après ses sensations visuelles, auditives, tactiles, les objets qui sont en dehors de lui.

Or, il remarque avec le temps qu'il y a des choses en lui, et des actes produits par lui, qu'il perçoit comme il perçoit les choses en dehors de lui. Il se voit, en partie du moins, comme il voit les choses extérieures. Il y a, en outre, des choses en lui et des actes émanés de lui qu'il perçoit d'une autre façon, au moyen d'une faculté particulière qui ne se laisse pas appliquer aux choses du dehors. Il s'assure, par exemple, qu'il a deux bras, deux jambes, qu'il est grand ou petit, qu'il a la peau noire, de la même manière qu'il s'assure que les autres hommes ont des bras et des jambes, qu'ils sont grands ou petits, qu'ils ont la peau noire ou blanche. Ses moyens de connaissance à l'égard des objets extérieurs, il peut les appliquer à certaines choses qui sont en lui. Sans doute, il sait qu'il a des membres par d'autres voies encore que la vue et le toucher, mais la vue et le toucher les lui font remarquer comme ils lui font remarquer les membres des autres animaux. Ainsi encore, quand il marche et quand il court, des modifications intérieures l'avertissent sans doute qu'il n'est pas en repos; mais il peut, en outre, constater sa course et sa marche par les moyens dont il use pour juger de la marche et de la course d'autrui.

En deux mots, il y a lieu de distinguer dans le moi des *faits externes* et des *faits internes*, des faits qui me sont révélés à l'aide des *sens externes* et des faits qui me sont révélés par le *sens interne*, le *sens intime*, ou la *conscience*, dans le sens large de ces deux derniers mots et en tant qu'on peut les appliquer à tous les animaux.

Un exemple va faire comprendre cette distinction. J'ai une blessure et je souffre. Le médecin voit la modification organique, mais il ne voit pas ma souffrance; il la devine, il y croit, mais il ne la connaît pas; il ne peut même s'en faire une idée, à moins qu'il n'ait souffert autrefois du même mal, et encore! Moi, au contraire, je sens ma souffrance, elle m'est immédiatement connue et présente; mais je ne vois pas la modification survenue dans mes organes, ou, si je la vois, c'est à la façon du médecin qui la voit en autrui, et je ne la perçois pas *directement* comme la cause de ma souffrance. La blessure, voilà une modification externe du moi; la souffrance, voilà la modification interne correspondante.

De même, quand je remue le bras, il se passe en moi un phénomène résultant d'une dépense de force vitale dans un certain sens, phénomène dont je suis averti par le sens interne; mais c'est par les sens externes que je connais le mouvement opéré, et c'est *indirectement* que je vois dans le déploiement de ma force vitale la raison du mouvement extérieur de mon bras. Cela est tellement vrai que si, par une cause quelconque, le phénomène interne se reproduit, si je crois sentir en moi une dépense d'énergie, je m'imaginerai, par la force de l'habitude, que l'acte externe a suivi, bien qu'il puisse se faire qu'il ne se produise pas. C'est, entre autres, ce qui se passe parfois dans les rêves, et ce qui a toujours lieu quand on vient d'être amputé d'un membre. Vous croyez le mouvoir, et le sens externe seul vient vous avertir de votre erreur.

Il est facile d'appliquer les mêmes observations aux cas

suivants : je suis pincé, je suis brûlé, je marche, je cours, je me remue, je suis tombé, je suis immobile, je suis frappé, etc. Inutile de faire observer ici le grand rôle que vient jouer le miroir dans la vie de l'homme. Il dédouble pour ainsi dire mon individu et m'apprend, sur ce qui me concerne, une foule de choses que je ne connaîtrais pas sans lui.

L'être sensible puise donc la connaissance de lui-même à deux sources différentes, *n'ayant aucun point de commun entre elles,* le sens intime et les sens externes. Or, nous rapportons à *l'âme* ou l'*esprit*, comme à un principe distinct, tous les faits internes, et au *corps* tous les phénomènes externes du moi. Nous pouvons donc définir l'âme ou l'esprit, *le support des faits internes,* et le corps, *le support des faits externes.* Tout ce que nous observons en nous à la façon d'un fait externe, nous l'attribuons au corps; par exemple, le déplacement dans l'espace. Tout le reste appartient à l'âme; par exemple, la fatigue.

Telles sont les définitions cherchées de l'âme et du corps; elles ne préjugent rien quant à la nature de l'âme, ni quant à ses rapports avec le corps; elles sont en concordance avec le langage de tous les temps et de tous les peuples, et enfin elles rendent aussi fidèlement que possible l'idée qu'éveillent en nous ces mots tels qu'on les emploie ordinairement.

On le voit, dès à présent, le problème capital de la psychologie, ou pour employer un mot nouveau, mais qui pour nous a un sens scientifique très précis, de la *psychophysique,* sera de rechercher les rapports de l'âme et du corps, de ramener la dualité des deux principes à l'unité, de rétablir, si possible, l'harmonie entre ces deux termes opposés.

V. Le sens intime et les sens externes appliqués directement à nous-même ne nous donnent de nous-même qu'une connaissance fragmentaire; d'où la nécessité de la méthode inductive. Toutes les sciences ont directement ou indirectement l'homme pour objet.

L'être sensible, avons-nous dit, puise la connaissance de lui-même à deux sources différentes, n'ayant aucun point de commun entre elles : le sens intime et les sens externes. L'animal s'en contente peut-être; pour l'homme, elles sont insuffisantes.

Il y a, en effet, des propriétés externes du moi qui échappent aux sens externes, et des faits internes qui échappent au sens intime. Une grande partie de notre organisation intérieure nous est totalement inconnue. Nous ne savons comment est fait notre corps, ni comment y fonctionnent nos organes. Nous ne savons pas que nous avons un système circulatoire, un système de nutrition, un système respiratoire, un système nerveux, etc. Nous ne connaissons ni le cœur, ni le foie, ni l'estomac, ni le cerveau. Pour avoir la notion de ces organes et de leurs fonctions, nous avons recours forcément à l'observation des autres hommes. C'est en eux que nous voyons se passer les phénomènes physiologiques; et des ressemblances extérieures qui existent entre eux et nous, nous concluons que nous leur ressemblons aussi intérieurement. Toutefois, nous pouvons nous tromper à cet égard. En 1864, nous avons perdu à Liége un professeur d'anatomie, Dresse, qui, ayant le cœur à droite et renversé, et le foie à gauche, ne s'en était jamais douté. Bichat, si ma mémoire ne me trompe pas, attribuait la folie à l'inégalité des hémisphères du cerveau, et il présentait lui-même cette dernière particularité à un haut degré. Enfin, il est à remarquer que nous ne connaissons pas directement nos yeux, qui sont des organes, sans contredit, des plus utiles. Nous ne les avons jamais vus, nous ne les verrons jamais. Le miroir nous en fournit une image, et cette image seule, plus ou moins fidèle, et, dans tous les cas, renversée de droite à gauche nous en donne une connaissance indirecte et assez imparfaite.

Le sens intime a, lui aussi, besoin d'être complété par les observations auxquelles nous soumettons les autres hommes. Les phénomènes internes de notre vie dans le sein d'où nous sommes sortis, et ceux de notre première enfance, ce qui se passe en nous pendant un sommeil profond, un évanouissement, pendant la fièvre ou la folie, sont complétement soustraits à l'œil de la conscience. Mais nous admettons que nous vivons, agissons, sentons dans tous ces états, parce que nous voyons dans les mêmes circonstances les autres vivre, agir, sentir, ou, pour parler plus exactement, donner les signes extérieurs qui accompagnent chez nous la vie, l'activité, la sensibilité. Comme nous nous sommes vus agir extérieurement d'une certaine manière, à la suite de certains actes internes, nous croyons que chez les autres êtres qui reproduisent les mêmes actes extérieurs, préside une activité interne semblable à la nôtre. Je les entends parler, par exemple; comme la parole est chez moi l'expression extérieure de la pensée intérieure, j'admets que chez eux aussi la parole correspond à la pensée. C'est à ce jugement d'analogie qu'il faut attribuer l'admiration naïve des sauvages pour les singes et les perroquets.

Il résulte de là que la science de l'homme ne peut uniquement se fonder sur l'observation interne—sans quoi le philosophe en serait réduit à faire la description, et encore incomplète, de sa propre individualité, à un moment déterminé de son existence — ni s'appuyer exclusivement sur l'observation extérieure — sans quoi les phénomènes observés ne pourraient être interprétés psychiquement, c'est à dire regardés comme l'expression extérieure d'un état intérieur échappant à l'observation. La psychophysique réclame à la fois et l'observation interne et l'observation externe, elle doit s'appuyer à la fois et sur les données du sens interne et sur celles de l'expérience. Mais elle réclame, en outre, le concours de toutes les sciences, tant de celles qui étudient l'homme dans son passé embryogénique, phylogénique, historique, zoologique, que de celles qui étudient l'univers dont il fait partie et dont il reçoit l'empreinte. Ces sciences découvrent la vérité par fragments, et toute vérité conquise fait pénétrer un rayon de lumière dans les profondeurs de notre être.

Mais, en outre, toutes les sciences, partant de l'homme, manifestent sa nature sous un certain aspect; filles de l'esprit humain, elles en expriment la puissance génératrice. Si donc nous recherchons comment elles poursuivent et atteignent la vérité, nous saurons comment l'esprit doit s'y prendre en général pour résoudre un problème, nous aurons la pleine conscience des moyens qui sont à notre disposition et de la méthode que nous devons suivre pour l'aborder avec fruit. Une fois en pleine possession de cette méthode, nous examinerons comment il faut l'appliquer aux recherches directes sur les rapports de l'âme et du corps, après nous être assuré auparavant de l'inefficacité absolue des méthodes jusqu'ici employées.

Nous voilà ainsi ramené à notre point de départ. L'homme n'a jamais failli à la mission que lui rappelait l'oracle de Delphes. Seulement, cette mission est indéfinie, et ceux-là seuls sont dans l'erreur qui, se fondant sur une méthode exclusive et imparfaite, croient l'avoir accomplie.

Résumons-nous. La connaissance suppose chez l'animal la faculté de se modifier lui-même volontairement.

Comme les choses extérieures le modifient aussi de leur côté, il conclut l'existence en dehors de lui d'une puissance analogue à la sienne. Il distingue le *non-moi* du *moi*, l'un qui ne lui obéit pas, l'autre qui lui obéit.

Il connaît le moi d'une façon directe et *immédiate*, le non-moi d'une façon indirecte et *par raisonnement*. Il puise à deux sources de connaissances, le *sens interne* et les *sens externes*.

La partie de son être phénoménal qu'il peut découvrir par les moyens dont il use à l'égard du non-moi, c'est son *corps*; l'autre partie, c'est son *âme*. Le corps est donc ce qui peut être connu à la façon du non-moi, et, par conséquent, par tous les êtres connaissants; l'âme n'est connue que par l'être en qui elle est.

La contemplation interne et externe de l'être par l'être lui-même aboutit à des résultats nécessairement incomplets; de là, nécessité de *compléter* les données du sens interne et des sens externes, non seulement par les données qui découlent de l'observation directe des autres hommes, mais encore par celles que nous fournit leur expérience actuelle et passée. Toutes les sciences, en tant qu'elles émanent de l'homme, sont des objets nécessaires de cette observation, et, à ce titre, elles expriment la nature humaine et tendent à la définir. Mais l'observation ne suffit pas. Il faut rechercher comment les autres sciences parviennent, en partant du même point, à découvrir et à accumuler des propositions vraies. Il faut, une fois en pleine possession de cette méthode, l'appliquer rigoureusement au problème de la psychophysique.

II

MATÉRIALISME, SPIRITUALISME, PSYCHOPHYSIQUE

Nous croyons avoir posé nettement le problème de la psychologie, et avoir établi, par l'analyse même de ses termes, l'impuissance radicale de toute méthode exclusive, c'est à dire fondée uniquement ou sur l'observation externe ou sur l'observation interne, à en donner une solution satisfaisante.

Cependant, cette impuissance est bien loin d'être avouée. Au contraire, c'est un préjugé universellement répandu que l'observation seule peut nous faire connaître tous les faits psychologiques. Aussi, du moment où l'homme s'est préoccupé de sa propre nature et du but de son existence, du moment, en un mot, où s'est révélée la nécessité d'une science des rapports de l'âme et du corps, deux systèmes opposés ont été mis en présence; ces systèmes se partagent actuellement encore le champ de la philosophie. Il existe, en effet, d'une part, toute une classe de philosophes qui prétend trouver l'explication de ces rapports dans l'analyse de la nature physique; et, de l'autre, des penseurs qui, se plaçant à un point de vue tout opposé, la cherchent dans l'âme elle-même. Nous avons une psychologie matérialiste et une psychologie spiritualiste.

L'existence de ces deux doctrines rivales est un fait considérable qui nous montre l'esprit humain sous l'un de ses aspects les plus intéressants. Comment se fait-il que cette question, si clairement définie pourtant, soit étudiée par des méthodes si opposées et s'accusant mutuellement de ne pas être scientifiques? Pourquoi y a-t-il des matérialistes et des spiritualistes? Pourquoi les uns et les autres se croient-ils seuls dans la bonne voie? Pourquoi croient-ils leurs adversaires dans la mauvaise et restent-ils obstinément sourds à leur argumentation?

Or, ici nous touchons à l'une des particularités les plus curieuses de la science de l'âme.

En général, les sciences commencent par être entachées d'erreurs considérables que le travail des générations savantes tend à faire disparaître; mais l'erreur une fois détruite, on n'a plus à s'en occuper. Du moment que Copernic eut établi le vrai système du monde et que ses propositions eurent été admises, on n'eut plus à parler que pour mémoire des systèmes astronomiques des anciens. Les fausses idées en histoire, en philologie, en géographie, dans les sciences naturelles, une fois redressées, sont définitivement écartées et jugées tout au plus dignes de figurer dans l'histoire des sciences. Il n'en est pas de même en psychologie. La science de l'homme a pour objet aussi bien ses erreurs que ses découvertes, et quel que soit l'avenir réservé à cette science, à quelque degré de perfection qu'elle doive arriver un jour, il faudra toujours réserver une place importante à l'étude des faux systèmes non seulement scientifiques, mais surtout psychologiques. Ils sont, en effet, une manifestation de notre intelligence tout aussi significative que la connaissance de la vérité.

Enfin, lorsqu'on aborde une de ces questions qui se présentent obstinément à l'esprit et dont les solutions semblent peu satisfaisantes, on doit avant tout se rendre compte de l'inefficacité des méthodes suivies antérieurement et éviter d'entrer dans la voie qui en a égaré tant d'autres. Si l'on tente un nouvel essai, c'est pour faire mieux ou tout au moins pour faire autrement.

Nous devons donc commencer par exposer l'origine psychologique de ces deux systèmes et en faire la critique.

I. **Origine psychologique du matérialisme, du spiritualisme et de l'harmonisme. Le point de départ de ces systèmes implique des conséquences exclusives qui modifient *a priori* profondément l'énoncé et la portée du problème.**

Le matérialisme a pour lui l'ancienneté historique : c'est par là que débute toute philosophie. C'est aussi le système qui se présente le premier à notre esprit dès que nous recherchons la cause de ce qui se passe en nous.

Il a été dit que la chose immédiatement connue est le *moi*, ce mot étant pris dans le sens restreint d'âme ou d'esprit, et que les qualités du non-moi sont conclues, en comprenant par non-moi la phénoménalité externe. Mais l'expérience ne tarde pas à nous apprendre que les divers états du moi, ses sensations agréables ou désagréables, son bien-être ou son malaise dépendent surtout du non-moi ; et, comme ce qui est en dehors de nous est inconnu et imprévu, nous tendons à le connaître et à le prévoir. C'est ainsi que, peu à peu, notre activité se dirige toute vers l'extérieur, vers le côté objectif des phénomènes sensibles, et en vient à négliger le côté subjectif. Nous arrivons même à sentir en dehors de nous les objets, à les voir en dehors de nous, à les entendre en dehors de nous, c'est à dire à projeter au dehors toutes nos sensations et à reléguer dans l'ombre l'être qui les éprouve. Tous nos sens agissent de cette façon, ils sont exercés à connaître le monde extérieur et non les impressions qu'ils reçoivent. L'œil juge que le bleu est différent du rouge, mais il ne s'enquiert pas de savoir en quoi précisément le rouge diffère du bleu, ni à quel signe il les distingue. Il ne sait pas qu'il est insensible en une portion notable de sa surface ; il ne sait pas comment il juge du relief, de l'éloignement, de la direction, de la forme. De même, l'oreille ne décompose pas en ses éléments partiels le timbre, ou la tonalité, parce que la connaissance de ces éléments n'a pas pour nous un intérêt pratique immédiat ; mais

elle distingue les différents tons, les différents timbres,
parce que cette distinction lui fait connaître l'objet. Il lui
suffit de constater que les sons diffèrent entre eux, mais elle
n'a aucun souci d'analyser leur différence, ni de rechercher
en quoi elle consiste, car cette recherche ne lui est d'aucune
utilité. Nos sens sont tellement accoutumés à reporter à
l'extérieur ce qui se passe en eux que fréquemment des phénomènes tout subjectifs sont objectivés, notamment dans
certaines maladies. Tels sont les phénomènes des mouches
volantes, des couleurs accidentelles, des bourdonnements,
les hallucinations de toute espèce.

Nous finissons ainsi par oublier que tout phénomène sensible est le produit de deux facteurs d'égale importance,
l'être sentant et l'objet senti ; nous accordons une valeur
exagérée à ce qui agit sur nous, et nous attribuons, au contraire, un rôle de moins en moins grand à notre activité
sensible au point de l'annuler ; et, en dernière analyse, nous
croyons recevoir de l'extérieur purement et simplement,
sans altération aucune, tout ce qui se trouve en nous, comme
un bassin reçoit de la source qui l'alimente toute l'eau qu'il
contient.

La doctrine psychologique, d'après laquelle tout ce qui
est en nous nous vient du dehors et nous est donné par les
choses mêmes, se présente dans l'histoire sous le nom d'empirisme et de sensualisme ; elle aboutit au matérialisme ; on
pourrait l'appeler *réalisme*[1].

[1] Il règne, en général, beaucoup d'arbitraire et de confusion dans les
dénominations des systèmes, et il serait vraiment désirable que l'on
réformât, sous ce rapport, le langage philosophique. Voici un exemple de
terminologie qu'on pourrait adopter, sous réserve, naturellement, de
désignations plus justes. Les systèmes philosophiques qui conduisent
à la négation de l'un des deux principes appartiendraient au *monisme*,
les autres au *dualisme* ou à l'*unicisme* (panthéisme sous toutes ses
formes). Le monisme se diviserait en deux classes : les systèmes *matérialistes* qui, n'admettant que la matière ou lui attribuant un rôle prépondé-
rant, expliquent tout par elle (en faisant de l'esprit une *tabula rasa*) — et
les systèmes *spiritualistes*, qui n'admettent que l'esprit, ou lui donnent
une importance considérable (en regardant la matière comme *inerte*).
Ceux qui mettent à peu près sur la même ligne l'esprit et le corps pour-

Dès lors, le problème des rapports de l'âme et du corps est notablement simplifié, puisque l'âme n'est plus qu'une espèce de reflet de la nature extérieure. L'étude de la nature doit nous fournir tous les éléments dont nous avons besoin pour éclaircir les mystères de notre être. La physique, la chimie, la physiologie nous en donneront la clef. De là à faire de l'âme un produit fortuit de la combinaison de certaines forces matérielles, il n'y a qu'un pas. Le réalisme, comme doctrine psychologique, conduit directement au matérialisme, comme doctrine métaphysique. Le matérialisme assimile l'âme à un produit matériel (matérialisme des anciens) ou à une propriété matérielle (matérialisme des modernes); il n'y a plus en nous de double nature, et le problème est modifié dans son énoncé et sa portée. La psychologie n'est plus qu'un appendice des sciences naturelles; elle cherche à répondre à cette question : Comment les phénomènes psychiques naissent-ils des phénomènes corporels?

Presque en même temps que le réalisme bâtit ses divers systèmes, en étalant un grand luxe d'arguments, une doctrine psychologique opposée, l'idéalisme, se manifeste et se développe. Il ne lui est pas difficile de s'apercevoir que le réalisme, qui croit prendre les choses pour origine de ses idées, part, au contraire, des idées pour remonter aux choses.

raient porter le nom d'*harmonistes*. Au point de vue de l'origine de nos connaissances, ceux qui soutiennent qu'elles nous viennent des choses s'appelleraient *réalistes*, et ceux qui pensent que nous les tirons de nous-mêmes (idées innées) seraient dits *idéalistes;* ceux qui admettent pour nos idées une double origine seraient appelés *synthétistes*. Enfin, au point de vue de la méthode, il y aurait des *empiristes*, se contentant de l'observation, soit externe, soit interne; des *spéculatifs*, s'adressant uniquement à la raison, à l'intuition intellectuelle (Fichte, Schelling, Hegel, etc.); des *dialectistes*, classant les faits fournis par l'observation, remontant à des faits plus généraux, puis aux principes et aux causes (la plupart des psychologistes français du commencement du siècle, ainsi que Socrate, Platon, Aristote lui-même). Actuellement, on appelle *spiritualisme* la doctrine qui admet l'existence de l'esprit; mais il n'existe pas de nom pour désigner celle qui nie l'existence des corps. Et puis, au fond, qui nie l'existence de l'esprit? Ce n'est ni Aristote, ni Locke, ni Condillac, ni d'Holbach, ni Vogt, ni Büchner. Si donc, on veut des noms génériques, il faut avant tout s'entendre sur leur signification.

Comme il arrive dans toute réaction, ce dogme a, de son côté, une tendance à exagérer le rôle de l'âme dans l'acquisition de nos connaissances, et insensiblement, à force de réduire la part de l'extérieur, il ne laisse plus subsister que l'intérieur. Pour cette doctrine, tout ce qui est actuellement dans le moi appartient constitutivement au moi, toutes ses déterminations lui sont données avec l'existence, et le rôle de l'extérieur se borne tout au plus à lui donner les occasions de les découvrir successivement. Le réalisme aboutit à faire de l'esprit un produit du non-moi, c'est à dire des forces extérieures; l'idéalisme, à son tour, va jusqu'à faire du non-moi un produit de l'esprit et de sa libre activité. D'un côté, l'esprit est comme un miroir ou l'écran de la chambre noire qui se borne à refléter le monde extérieur; de l'autre, c'est une puissance créatrice qui s'agite au milieu d'un monde enfanté par elle; dans le drame de son existence, l'esprit est à la fois poëte et acteur.

Le réalisme simplifie et transforme le problème en supprimant l'âme; l'idéalisme aboutit au même résultat et supprime la nature. Tandis que l'un finit par affirmer que tout est matière, selon l'autre, tout est esprit.

Le monisme, c'est à dire l'affirmation de l'existence d'un principe unique, est au bout de ces deux systèmes.

Ils ont encore un autre point de contact. Ils partent tous deux de l'hypothèse que les idées préexistent à la connaissance. Pour le réaliste, elles sont dans les choses extérieures qui nous les envoient. C'est ainsi que l'air tient suspendus les germes de moisissures et d'animaux microscopiques qu'il répand partout où il pénètre et qui se développent là où ils rencontrent des circonstances favorables. L'idéaliste admet qu'elles sont en nous; seulement, elles y sont plus ou moins cachées, et il s'agit de les mettre au jour. C'est le papillon renfermé dans sa chrysalide qui attend l'occasion propice de la fendre et d'étendre ses ailes à la lumière; c'est le tableau que le temps a couvert d'une couche énorme de poussière et qu'un artiste habile viendra débarrasser de son voile. Le gland, planté dans un terrain propice, devient le chêne puissant au feuillage touffu. D'où lui viennent ses feuilles? La terre, dit le matérialiste, les contenait et les a transmises au gland, qui en a fait sa parure. Analysez la terre, l'air et l'eau; dégagez leurs éléments, combinez-les d'une autre façon, prenez des creusets et des cornues, vous y trouverez les feuilles du chêne. Le gland les renfermait en lui-même, répond le spiritualiste; donnez-moi un microscope, je vous les y ferai voir. La terre a seulement fourni au gland l'occasion de les développer et de les épanouir.

Enfin, ces deux systèmes ont ceci de particulier, c'est qu'ils s'amènent réciproquement et qu'ils rentrent l'un dans l'autre. Le réalisme conduit à l'idéalisme, parce que l'impression faite sur nos organes varie suivant leur nature et leur disposition, de sorte que le monde qui nous apparaît est bien le monde pour nous, mais non le monde réel. Berkeley, le disciple direct de Locke, du plus puissant des défenseurs modernes du sensualisme, définit la nature *la succession de nos idées*, et à la phrase : *Le soleil m'échauffe*, substitue celle-ci : *Par la sensation de lumière que j'éprouve, je suis averti que j'éprouverai bientôt une sensation de chaleur*. Condillac dit que l'homme ne peut sortir de lui-même ; et les matérialistes du xviiie siècle affirment que chacun de nous parle une langue propre et incommunicable. De son côté, l'idéalisme conduit à un résultat opposé. La nature n'étant que l'esprit objectivé, autant vaut, pour étudier l'esprit, de scruter la nature qui en est la manifestation la plus complète, puis le corps humain qui est l'œuvre la plus parfaite de la nature, et dont la connaissance donne la clef de toutes les connaissances[1].

---

[1] Cette conséquence est rigoureuse, et l'idéalisme de Hegel l'a amenée autant comme contenue dans le système que comme effet de réaction. Il y a des savants, parmi les plus illustres, qui soutiennent que le corps de l'homme et celui des animaux sont des appareils de physique et de chimie, mais que notre âme libre habite dans notre corps, sans être soumise aux lois qui le régissent. Ils croient par cette hypothèse sauvegarder le principe spiritualiste. Erreur! Les malades dans le délire, les insensés, les idiots ont-ils cette âme libre? Oui, disent-ils, mais elle ne peut se manifester, parce que les organes sont dans un état morbide ou impar-

Le parallélisme entre les deux systèmes serait complet si l'énoncé du problème subissait une transformation analogue. Pour le réalisme, les phénomènes psychiques sont des effets des phénomènes physiques, et l'œuvre du psychologiste consiste à mettre en évidence cette relation de cause à effet. Par contre, l'idéalisme, poussé à ses dernières conséquences, conduit à regarder le phénomène corporel comme un effet du phénomène spirituel. Mais, en général, il n'en est cependant pas ainsi. Le philosophe idéaliste reconnaît dans l'ordre physique des caractères et des causes propres, et il n'a pas une idée bien nette des relations de l'ordre physique avec l'ordre psychique. Aussi, pour lui, le problème se pose-t-il dans ces termes vagues : Quelle est la nature de la correspondance entre les phénomènes du corps et ceux de l'âme?

De là un troisième système qui prétend concilier l'antithèse du réalisme et de l'idéalisme absolus, maintenir en face l'un de l'autre et indépendamment l'un de l'autre l'esprit et la nature. Ce système est dualiste. Comment raisonnent les deux écoles précédentes pour expliquer la présence en nous d'une idée quelconque, celle d'*étendue*, par exemple? L'esprit est une chose inétendue, dit le réalisme, il ne peut donc trouver en lui la notion d'étendue; il doit la tirer du dehors; c'est par son commerce avec les choses étendues que vient en lui une idée que sans cela il n'aurait jamais eue. Au contraire, répond l'idéalisme, l'esprit possède en lui-même l'idée de l'étendue; c'est une forme à lui, qui lui est constitutive, et il l'applique aux choses du dehors qui en soi sont inétendues; si donc celles-ci nous apparaissent avec cette qualité, ce n'est pas qu'elles la possèdent, c'est nous qui la leur donnons en la tirant de notre propre fond. Nous avons en nous l'idée de couleur : c'est que nous voyons des objets colorés, disent les uns; c'est que nous avons des yeux coloristes, disent les autres.

fait. Soit; mais alors, qui me répond que les animaux n'ont pas, eux aussi, une âme raisonnable, et que, s'ils ne font pas acte de raison, c'est parce que leurs organes imparfaits s'y opposent? Et de là, à faire de l'âme un produit de l'organisme, il n'y a qu'un pas, si même il est besoin d'un pas : question de mots.

L'harmonisme qui, dans l'histoire de la philosophie, correspond au cartésianisme et compte parmi ses plus brillants apologistes des philosophes comme Descartes, Malebranche, Leibnitz, réunit ces deux affirmations opposées. Pour lui, l'esprit et les choses extérieures sont formés sur un même type, il y a entre elles et lui harmonie complète. A la qualité extérieure, dite sensible, correspond l'idée intérieure ou la qualité intelligible. Les objets extérieurs sont étendus et notre esprit trouve en lui l'idée d'étendue qui leur correspond. Comment pourrions-nous, en effet, selon lui, reconnaître que les objets sont étendus, si nous n'avions en nous l'idée d'étendue? Et comment cette idée s'appliquerait-elle aux objets, si ceux-ci n'étaient pas étendus?

Cette hypothèse, en apparence conciliante, ne fait, en réalité, que donner prise aux objections auxquelles sont exposées séparément les hypothèses extrêmes. L'idéalisme est embarrassé pour expliquer notre ignorance temporaire à l'égard de certaines notions que nous sommes censés posséder en nous. Le dualisme est dans le même embarras. Le réalisme ne sait nous faire comprendre le passage de la qualité réelle à la qualité conçue. L'harmonisme ne saurait davantage nous montrer comment l'esprit peut reconnaître en dehors de lui, le type qui est en lui, comment il peut appliquer la qualité intelligible à la qualité sensible, qu'il ne connaît pas. Cette doctrine, enfin, présente des difficultés qui lui sont propres. L'accord entre l'esprit et la nature s'explique très bien dans les deux hypothèses précédentes, puisque c'est ou l'esprit qui se modèle sur la nature, ou la nature sur l'esprit. Mais ici l'esprit et la nature ne se fournissent plus rien l'un à l'autre. Si, à la vue d'un carré, j'ai l'idée du carré, il y a entre la chose et l'idée un abîme qui ne peut s'être comblé naturellement. L'accord est un fait dont l'explication manque absolument. Force est bien de l'attribuer à un être qui n'est ni l'esprit ni la nature, à Dieu. Le monde corporel et le monde spirituel sont comme deux horloges qui marchent toujours d'accord sans agir l'une sur l'autre, parce que Dieu veille à ce que la correspondance subsiste, ou parce qu'il les a construites parfaites. L'esprit est une de ces horloges, le monde corporel est l'autre. La première sonne l'heure quand la seconde l'annonce, sans qu'il y ait entre elles le moindre rouage de commun. Tel est le système de l'*harmonisme*.

Inutile d'insister sur ce que cette hypothèse présente d'artificiel. Cela devient évident quand on circonscrit le problème pour en faire, non celui des rapports de l'esprit et de la nature, mais celui des rapports de l'âme et du corps. Cette hypothèse est sans doute difficile à réfuter sur le terrain de la spéculation pure. Mais le simple fait que mon bras se meut quand je le veux en dit plus que des volumes d'arguments. Ce n'est pas tout. Quoi qu'on dise et quoi qu'on fasse, l'harmonie dont on parle n'est pas l'harmonie elle-même, mais la conception de l'harmonie. Par le mot nature l'esprit n'entend et ne peut entendre que la nature intelligible. Il a beau parler de réalité, de non-moi, d'étendue sensible, c'est toujours la réalité intelligible, le non-moi intelligible, l'étendue intelligible. La nature sensible, la nature extérieure existe-t-elle? Il n'en sait rien, et n'en peut rien savoir. En somme, pour lui, tout reste dans le même état, soit qu'on la supprime, soit qu'on la laisse subsister; son monde intelligible lui suffit; il n'est pas nécessaire qu'il en suppose un autre. Ce système, par conséquent, se ramène et a d'ailleurs abouti historiquement à l'idéalisme. Sa méthode est aussi toute spéculative. C'est, du reste, un résultat à prévoir. Au fur et à mesure que l'homme réfléchit sur lui-même, il se voit forcé de plus en plus de reconnaître que la seule chose qui lui est immédiatement connue est son *propre esprit*.

II. Point de départ de la psychophysique; elle se classe parmi les sciences naturelles. Elle tâche de remonter aux faits primitifs et de pénétrer jusque dans le domaine de l'inconscience. Critique des systèmes réalistes et idéalistes.

Qu'ils l'avouent ou qu'ils le nient, les systèmes que nous venons d'exposer sont le produit de la spéculation pure; car ceux mêmes qui ont l'air de s'appuyer sur des faits matériels partent d'une idée toute spéculative, à savoir de la possibilité de connaître l'essence de la pensée en étudiant la nature. Aussi l'histoire de la philosophie met à nu l'impuissance radicale de toutes ces écoles. Dit-on aujourd'hui quelque chose de plus que Socrate, Platon, Aristote? De quelle utilité positive ont été à la psychologie les réformes de Bacon, de Descartes, de Kant? Nous sommes peut-être plus clairs, plus méthodiques que les anciens, mais où sont les vérités découvertes? Les mêmes systèmes renaissent de leurs cendres tout aussi faux, tout aussi vrais, c'est à dire tout aussi peu satisfaisants pour les gens qui ne se paient pas de mots. Quelle différence sous ce rapport entre la philosophie et les sciences naturelles! Ici, il n'est pas une erreur qui, une fois mise en évidence, ne soit éliminée sans retour; pas une proposition qui, une fois démontrée vraie, ne soit définitivement acquise à la science. La méthode est si sûre que la somme du savoir ne peut que s'accroître. Au livre de son avoir intellectuel, l'homme n'inscrit que des bénéfices, jamais de pertes.

Il faut donc prendre une position d'attente, reconnaître la difficulté du problème, et en aborder lentement et courageusement l'étude, sans se flatter orgueilleusement de dénouer dès aujourd'hui le nœud de la question. Seulement, comme il est utile d'avoir une idée préconçue, vraie ou fausse, mais admise provisoirement comme probable, on peut partir de la supposition que l'esprit humain forme ses idées en élaborant la matière sensible, de même que le corps crée et répare ses organes en élaborant la matière corporelle. En dehors de ces deux hypothèses, dont l'une soutient que le chêne futur est dans le gland, et dont l'autre prétend qu'il est dans la terre où germe la semence, il y a place pour une troisième conjecture, plus modeste parce qu'elle est moins affirmative, plus scientifique parce qu'elle ne donne pas de prime abord une solution, mais tend à la préparer : c'est celle qui admet que le gland travaille en vertu de sa force propre la nourriture qui lui est fournie par la terre, et la convertit en organes, en feuilles, en fleurs, en fruits de chêne. Changez ses conditions de développement, et vous aurez d'autres feuilles, d'autres fleurs et d'autres fruits, quoique formés sur le même type. La terre fournit la matière, le gland fournit la forme. L'une est la force générale, l'autre, la force individualisante : un autre gland eût produit un autre chêne. Mais, cette hypothèse admise, le problème est loin d'être résolu. Il s'agit maintenant de savoir comment le gland transforme en feuilles, en fleurs et en fruits les éléments terrestres. Nous n'avons plus ici des feuilles toutes formées, mais des feuilles à former. Au lieu de répondre à la question *unde?* nous sommes mis en demeure de répondre à la question *quomodo?* et ici commencent les difficultés sérieuses.

Voilà la position caractéristique, en dehors du réalisme et de l'idéalisme, que prend la psychologie naturelle, ou, comme nous l'appellerons désormais pour éviter toute équivoque, la psychophysique. Elle regarde les idées comme le produit de deux facteurs, le *moi* et le *non-moi*. Pour elle le non-moi est la matière générale, le moi la force individualisante, la force qui s'assimile cette matière et se la rend propre, en vertu de lois propres. A première vue, on s'explique par là cette infinité d'organisations individuelles, ces façons indéfiniment variées de saisir le même objet.

Pour marcher vers ce but, elle s'attache surtout à saisir la première manifestation de l'idée pour la poursuivre jusqu'à son complet développement. Elle la suit, dès l'instant où on peut l'observer, note avec tout le soin possible les divers éléments qui viennent la composer et la nourrir ; alors seulement, si elle est contente de son travail, elle peut se hasarder à énoncer une opinion sur l'origine possible de l'idée, sur l'état élémentaire des deux facteurs au moment de sa naissance. C'est ainsi qu'en paléontologie on vise surtout à saisir la première apparition de la vie sur ce globe et à reconstruire la série des êtres dans l'ordre où ils ont apparu, et dans le milieu qui les a vus naître. C'est ainsi encore que les études biologiques, que la zoologie ne font plus un pas sans le secours de l'embryogénie, et que le naturaliste, armé de son microscope, prend l'être vivant au moment où l'on n'observe encore en lui aucune différence, et le suit dans tout le cours de son développement embryonnaire, persuadé que l'étude d'un seul de ces phénomènes en apprend plus que la dissection de milliers d'êtres adultes.

Tout phénomène, pour être complétement élucidé, doit être pris au moment où il apparaît. C'est alors qu'il porte l'empreinte la plus reconnaissable de la cause qui le produit. Or, nous n'avons pas toujours eu nos idées, nos sentiments actuels. Remontons donc vers notre passé, et essayons de saisir en l'homme la première lueur de la pensée et du sentiment. Si je constate présentement en moi les idées de Dieu, du juste, du beau, du bien, comme je sais que ces idées n'ont pas toujours été en moi sous leur forme actuelle, je puis hardiment assurer qu'elles ont leur origine dans un état intellectuel antérieur, et momentanément les oublier pour y revenir plus tard. « Les pages les plus anciennes et les plus altérées de la tradition, dit Max Müller, nous sont quelquefois plus chères que les documents les plus explicites de l'histoire moderne. »

Ici on saisit sur le vif la différence du point de départ entre le réalisme empiriste d'un côté et l'idéalisme spéculatif et dialectique de l'autre.

Les réalistes, qu'ils s'appellent physiologistes ou matérialistes, partent d'une idée préconçue et non démontrée, et anticipant la solution, abandonnent le phénomène en question de la pensée, et vont l'étudier, ou plutôt prétendent l'étudier dans des phénomènes connexes. La physique, la chimie, la physiologie doivent, selon eux, nous donner la clef de la psychologie. Or, combien est anti scientifique ce procédé qui consiste à étudier la pensée, par exemple, dans le cerveau, c'est à dire dans un organe qui peut avoir chez les animaux vertébrés, et notamment chez l'homme, une certaine relation avec la pensée, mais qui n'a certainement avec elle qu'un rapport vague et éloigné! Ainsi, ne voyons-nous pas un grand nombre d'êtres privés de cerveau proprement dit, et qui nous étonnent pourtant par leur sagacité? Dois-je citer les abeilles et les fourmis? Ajoutons que la physiologie du cerveau est la plus obscure de toutes les parties de cette science. Disons le mot, on ne connaît pour ainsi dire rien de cet organe. Admettons cependant que l'anatomie du cerveau n'ait plus de progrès à faire, admettons que le physiologiste, la loupe et le scalpel à la main, puisse suivre pas à pas la marche du sang dans les vaisseaux qui le sillonnent, la décomposition de la substance nerveuse des moindres fibres qui le composent; admettons enfin qu'aucun des changements qui se passent en lui ne reste inaperçu, y constateront-ils la présence de la pensée? y verront-ils les folies d'un insensé, les rêveries d'un Swedenborg, les découvertes sublimes d'un Newton, les combinaisons stratégiques d'un Napoléon, les extases célestes d'un Lamartine? Quel abîme entre une volonté, par exemple, et la production d'un courant nerveux? S'il était avéré que chaque fois la volonté est accompagnée d'un courant nerveux (notons que l'expérience ne peut aujourd'hui tenter une vérification même approximative d'une pareille coïncidence), de quel droit pourrait-on affirmer qu'il y a entre la volonté et le courant une relation directe de cause à effet? Et, en supposant même qu'on pût le soutenir, où serait le cause, où serait l'effet? Et si la cause est la volonté — ce qui est au moins aussi probable — quelle est, en dernière analyse, la valeur du résultat obtenu par rapport à l'origine de la volonté? Rien ou bien peu de chose.

L'idéalisme procède au rebours. Sa méthode est tout intuitive. Pour connaître l'essence de la pensée, rien ne lui paraît plus naturel que de s'adresser à la pensée elle-même. Tandis que le réaliste tient les yeux ouverts et regarde tout autour de lui, l'idéaliste ferme tous ses sens à la fois et en appelle à la seule puissance de la réflexion. L'un cherche dans le dehors, qu'il soumet à des investigations minutieuses, la source de ce qui est en lui ; l'autre la cherche en lui-même et jusqu'au plus profond de son âme. Le premier interroge le monde tout entier, le présent et le passé, le sauvage et l'homme civilisé, les fous et les sages; le second n'a de confiance qu'en lui-même, et, faisant le silence autour de lui, il adresse du fond de son cœur des invocations intimes à la vérité.

Il commence par dresser le catalogue de nos idées et par

les classer. Quelques unes d'entre elles ne viennent pas de l'expérience, parce qu'elles sont générales; elles existaient donc, conclut-il, avant l'expérience, elles forment le fond de notre être intellectuel, elles sont innées et renferment en elles tout le monde intelligible. En réalité, nous n'apprenons rien, nous ne faisons que développer ce que nous avons en nous. Il ne s'agit plus que de penser, de penser encore, de penser toujours, et notre pensée, en combinant entre elles les notions innées et en passant du général au particulier, tirera d'elle-même tout ce qui existe, y compris la pensée. Le philosophe accouche alors d'un système. Le plus beau des systèmes est celui qui repose sur le moindre nombre d'idées générales, et qui reconstruit le plus d'idées particulières. La palme sous ce rapport appartient sans contredit à Hegel, qui a tiré de l'idée d'*être* tout l'univers. Et, en effet, l'idée d'*être* renferme les idées de tous les êtres. On la combine avec celle de néant, et l'on a deux nouvelles idées, celles du *devenir* et du *périr*, puis de ces quatre idées, on en déduit de nouvelles, et ainsi de suite, jusqu'à ce qu'on forme celles des plantes et des animaux, celles des maladies et des religions.

Voilà la base de la spéculation. L'édifice qu'elle construit est splendide; seulement, comme dit quelque part Wundt, on a pris pour bâtir les fondements les tuiles qui devaient être employées à en recouvrir le toit.

Il ne faut pas confondre les notions primitives avec les notions générales. Les notions générales appartiennent aux derniers produits et aux produits les plus compliqués de notre puissance intellectuelle. Nous avons les notions de chien, d'oiseau, de poisson, avant d'avoir celle d'animal, et nous avons celle-ci et celle de plante avant d'avoir celles d'être vivant et de corps inerte. L'élaboration des idées générales est ce qu'il y a pour nous de plus ardu, et les progrès de la science ont le plus souvent pour effet d'en modifier le contenu. Je n'en veux pour preuve que les profonds changements que depuis quelque temps les notions de matière et de force ont eu à subir.

De même qu'au point de vue physique nous avons commencé par être renfermés dans un œuf fécondé, que cet œuf est identique en apparence pour tous les êtres sensibles, que peu à peu les différences se sont manifestées, et que, dans les derniers temps de notre vie embryonnaire seulement, le caractère humain s'est dessiné dans nos membres et sur notre visage, de même, au point de vue intellectuel, nous avons commencé par avoir les idées communes à tous les êtres connaissants, puis nous nous sommes élevés à des idées plus compliquées, qui sont pourtant encore le partage d'autres espèces animales de moins en moins nombreuses, jusqu'à ce que nous ayons créé les idées qui nous sont propres ainsi qu'à tous les hommes et qui nous caractérisent comme tels. Enfin, chacun de nous a ses idées particulières qui lui impriment son caractère individuel. Ceux qui vont le plus loin à cet égard, et qui instruisent leurs semblables, relèvent le niveau de la race entière. Nous devons notre supériorité sur les sauvages, les Grecs, les Romains, le moyen âge, aux Thalès, aux Aristote, aux Galilée, aux Newton.

Or, nous ne pouvons savoir comment l'on est homme et l'on pense en homme, si, préalablement, nous ne recherchons comment l'on est en tant qu'animal, et comment l'on pense en tant qu'animal. Nous aboutirions, pour ainsi dire, à coup sûr, si nous pouvions saisir le premier symptôme de pensée ou de sensibilité dans l'embryon. On voit donc que la psychophysique ne s'arrête pas au contenu de la conscience, elle étend notablement le champ de l'investigation. De même que l'histoire écrite de l'homme a ses racines dans son passé préhistorique, et que nous devons avant tout reconstituer ce passé si nous voulons savoir ce qu'est l'homme, de même la psychophysique remonte au delà de toute pensée consciente et pénètre dans le monde de l'inconscience. Sous ce rapport, elle sort du domaine commun de l'idéalisme et du réalisme. Elle ne fait donc pas comme les sciences dites descriptives, aujourd'hui détrônées à peu près partout, qui s'intitulaient botanique ou zoologie, etc., et qui donnaient la nomenclature plus ou moins exacte de toutes les fleurs, de tous les animaux ou autres êtres de la création, objets qu'elles classaient ensuite

en genres et en familles. Les idées qui se révèlent actuellement à l'œil de la conscience sont les fleurs épanouies de la
pensée, et il ne faut pas croire qu'on pourra saisir le secret
de leur naissance en s'installant au milieu du jardin de l'âme
et en dressant l'inventaire plus ou moins systématique de ses
productions. C'est là un travail à peu près stérile; et, si l'on
est dans l'intention de remonter à l'origine des idées, c'est
prendre le point de départ le plus éloigné et choisir la route
la plus pénible et la plus incertaine. Le savant doit étudier
dans sa nature intime le germe même qui échappe à ses
regards, s'il veut arriver avec quelque probabilité à un résultat significatif. Or, la psychologie, à peu d'exceptions près,
a-t-elle été jusqu'à présent autre chose qu'une science purement descriptive?

L'empirisme et l'idéalisme ne peuvent donc aboutir, parce
qu'ils méconnaissent volontairement tout un côté des phénomènes intellectuels dont ils ont la prétention de rechercher
les lois et les causes. Mais ici se montre une différence saisissante entre l'idéalisme et le réalisme. L'idéalisme au moins
s'affirme comme étant le produit de la pensée, et, vrai ou
faux, il manifeste à sa façon l'existence de cette force mystérieuse à qui il reconnaît la faculté de se tromper. Le réalisme,
au contraire, ne peut être vrai; car, s'il était vrai, il établi-
rait au même titre l'exactitude des systèmes qui le nient,
puisque, eux aussi, dans cette hypothèse, seraient le produit
du jeu régulier des forces organiques de notre cerveau. Pour
lui, il n'y a pas d'erreur possible, et partant il se détruit
lui-même dans son principe[1].

---

[1] On peut rapprocher ce raisonnement de ce que nous disons à propos
du principe de contradiction, p. 185 et suiv. de notre *Essai de logique
scientifique*. Nous y établissons que *tout jugement qui se nie lui-même
est nécessairement faux*, et nous y faisons remarquer qu'il existe un grand
nombre de pareils jugements acceptés cependant comme des espèces
d'axiomes, par exemple : *Pas de théorie, rien que des faits ! — Il ne faut
avoir d'opinion arrêtée sur rien. — La vérité est relative aux temps et aux
lieux. — Toute connaissance objective est impossible*, — c'est à dire, les
propositions fondamentales des positivistes, des sceptiques, des éclecti-
ques, des idéalistes. On peut donc y ajouter la formule du matérialisme.

III. La psychophysique a recours à la méthode expérimentale. Cette méthode consiste dans la production artificielle de phénomènes, et appelle à son aide la mesure et le calcul. La comparaison des phénomènes corporels et des phénomènes psychiques n'est pas toujours possible directement. La mesure de ces derniers n'est pas donnée dans le sens intime et ne peut s'obtenir qu'artificiellement.

L'observation seule des phénomènes ne suffit pas à la psychophysique. En supposant même qu'elle pût atteindre les phénomènes absolument primitifs, ce qui est impossible, parce que, à proprement parler, le primitif n'existe pas et est toujours au fond un consécutif, il s'agit de les étudier, d'en rechercher les lois, de remonter à leurs causes. La psychophysique complète donc l'observation par l'expérience, c'est à dire par la production artificielle de phénomènes psychiques dans des circonstances données.

Il est nécessaire que nous disions à ce sujet quelques mots pour qu'on soit à même de se rendre compte de la nature de l'expérience en général, et du rôle qu'elle vient jouer dans la science.

Nous l'avons déjà dit, toute étude et, par conséquent, toute expérience, suppose toujours une opinion préconçue de la part de l'expérimentateur. Quand, pour trouver les lois de la chute des corps, on laisse tomber un poids pendant qu'une pendule marque le temps, c'est dans la supposition qu'il pourrait bien y avoir une relation entre l'espace parcouru et le temps écoulé. Si, pour trouver les lois de la lumière, on lui fait traverser des milieux diaphanes, ou si on la réfléchit à la surface de corps polis, c'est qu'on soupçonne *a priori* qu'il y a une certaine influence de la part de ces milieux ou de ces corps sur la marche des rayons lumineux. Si l'on multiplie le nombre des bougies en augmentant la distance où on les place de l'écran, c'est qu'on devine qu'il peut exister une certaine relation entre la distance et l'intensité de la lumière émanant d'une source donnée. Les physiciens modernes, en un mot, ne procèdent pas comme les alchimistes du moyen âge, leurs expériences sont de nature à fournir tout au moins un résultat nettement négatif, ce qni est toujours une conquête.

Or, toute expérience se ramène, en définitive, au tracé de deux ou de plusieurs échelles parallèles où sont notées les circonstances qui doivent, au jugement de l'opérateur, exercer une certaine influence sur le phénomène étudié. C'est ainsi que la météorologie dresse une suite de tableaux où l'on a, dans une colonne, noté l'état du ciel de chaque jour, et dans des colonnes parallèles, l'indication du vent, la température, la pression de l'air, l'état hygrométrique et électrique de l'atmosphère, etc.; il s'agit de voir, en effet, s'il n'y a pas une corrélation quelconque entre l'état du ciel et les autres phénomènes qui l'accompagnent. Reprenons les exemples cités plus haut. On suppose, disons-nous, qu'il pourrait bien exister une certaine relation entre le temps et l'espace parcourus par un corps qui tombe. On prépare une double échelle. Dans l'une, on marque l'espace parcouru après une seconde, après deux secondes, après trois secondes, et ainsi de suite; dans l'autre, on note le temps, une seconde, deux secondes, trois secondes. L'on cherche si une loi ne relie pas entre eux ces nombres respectifs; et l'on voit, en effet, que l'espace parcouru est proportionnel au carré des temps qu'il faut pour le parcourir. On aurait pu de même soupçonner une certaine relation entre la vitesse du corps et sa masse. Si l'on dresse la double échelle, on constatera que la masse n'a aucune influence sur la vitesse. En inscrivant de même, dans deux colonnes parallèles, l'intensité de la lumière et la distance et en comparant les nombres obtenus, on trouve que l'intensité décroît en raison du carré de la distance.

Ces comparaisons ont pour but de découvrir la loi qui rattache l'un à l'autre deux ordres de phénomènes. La loi trouvée, on peut alors, et alors seulement, remonter à la cause hypothétique du phénomène, et encore ne faut-il pas se hâter de conclure : c'est ainsi que la chimie est en possession d'un grand nombre de lois remarquables, mais qui ne laissent pas encore apercevoir les causes précises des combinaisons.

Cette méthode est la seule rationnelle ou, du moins, c'est la seule qui ait fait faire aux sciences naturelles de sérieux et notables progrès. C'est à elle que la psychophysique doit donc, autant que possible, demander la solution de ses problèmes. Ainsi, comme son but est de trouver les rapports de l'âme et du corps, elle doit tenir deux registres où elle consignera, d'une part, les phénomènes corporels, de l'autre, les phénomènes spirituels, et, de plus, elle accompagnera chaque ordre de phénomènes d'une colonne où seront indiquées les intensités respectives des manifestations.

A la vérité, la psychophysique présente sur les autres sciences naturelles cet avantage qu'un grand nombre de faits internes sont soumis directement à l'observation et perçus tels qu'ils sont en eux-mêmes, sans altération, sans erreur possible. Il est cependant à remarquer que l'observation interne, comme nous l'avons déjà dit, ne nous fait pas connaître tous les faits de cette nature, et que, précisément, elle ne nous éclaire pas sur ceux qu'il nous serait le plus important de juger, à savoir sur les faits internes primitifs. Mais il en est ici comme en beaucoup de sciences où l'on saisit avec peine les premiers indices d'une formation nouvelle.

Quant aux faits externes correspondants, c'est l'affaire de la physique et de la physiologie. Ces sciences ne sont guère arrivées à un degré d'achèvement désirable, surtout la dernière, qui en est encore, on peut le dire, à ses débuts.

Mais ce qui fait la difficulté propre de la psychophysique, c'est l'impossibilité presque complète où nous sommes d'établir le parallélisme requis entre les faits internes et les faits externes. Je connais directement ce qui se passe en moi, je connais mes pensées, mes sentiments, mes volitions, mais je ne puis saisir les faits corporels correspondant à ces faits psychiques. Et, d'un autre côté, si j'étudie les faits corporels en autrui, je puis tout au plus avoir une connaissance triplement réfléchie des faits internes correspondant à ces faits corporels. Triplement réfléchie, disons-nous. Car, le fait interne saisi, le patient le traduit par la parole qui n'en est qu'une image imparfaite. Cette parole est entendue par moi et éveille en moi une idée correspondante, mais non identique à celle qu'elle est censée exprimer. Enfin, cette idée correspondante n'est qu'un souvenir et non une sensation, c'est à dire une image très affaiblie d'une sensation véritable. Or, les expériences à faire dans ces conditions sont excessivement rares. On ne peut, le plus souvent, expérimenter que sur le cadavre sur l'animal, ou sur l'homme dans certains états pathologiques.

Appliquons ces réflexions au problème auquel nous faisions tantôt allusion, du rapport entre le cerveau et la pensée. Quelle est la nature de ce rapport? Nécessairement, il faut, d'après ce qui a été dit, dresser la double échelle des modifications organiques correspondant aux modifications de la pensée. Admettons que je pense la série des nombres, et qu'à cette suite de pensées correspondent certaines modifications organiques. Or, voici les difficultés, pour le dire, insurmontables que le psychophysicien va rencontrer. Il ne peut travailler sur le cerveau vivant, par conséquent, sur le cerveau pensant. Supposons qu'il puisse le faire, que la boîte crânienne soit de pur cristal, et que rien ne lui échappe. Ce n'est pas son propre cerveau qui sera soumis à l'expérience, ce sera le cerveau d'un autre, et la pensée de cet autre, il ne peut la connaître.

Faisons encore une concession : le patient parlera et sa parole sera l'image exacte de sa pensée. L'expérimentateur percevra alors le fait interne en lui-même, le fait externe chez un autre; par suite, la comparaison est sujette à des erreurs inévitables et inappréciables. Allons plus loin : accordons enfin que l'analogie existe parfaite entre la pensée de l'expérimentateur et celle du sujet; il y a des modifications de la pensée extrêmement importantes, qui ne peuvent se traduire par la parole. N'en citons qu'une. Le sujet pense la série des nombres; mais il fait plus ou moins attention à ce qu'il pense, et le degré d'attention n'est même pas en sa puissance. L'attention est un phénomène considérable accompagnant l'exercice de la pensée. Comment en mesurer la force? *Un peu, beaucoup* sont des termes vagues qui ne

4

sont pas d'usage dans les laboratoires, où l'on s'exprime par nombres, poids ou volumes.

Par ce peu de mots on peut juger de combien de difficultés inextricables est entourée la question des rapports de la pensée et du cerveau. Nous avons pris pourtant l'exemple le plus simple que l'on puisse choisir. Que serait-ce s'il s'agissait de déterminer la loi des modifications organiques correspondant aux différentes espèces de désirs, de souffrances, de joies vagues ou déterminées, sans objet ou ayant un objet distinct et précis, accompagnant l'inspiration du poète, de l'artiste, les réflexions profondes du savant, du géomètre, du métaphysicien? L'esprit s'arrête effrayé devant cette quantité d'inconnues dont chacune est fonction d'une infinité d'autres inconnues.

En présence des difficultés qui entourent inévitablement les recherches de la psychophysique, faut-il désespérer du problème de la psychologie? Non certes. Il est heureusement des phénomènes psychiques — et ce sont précisément ceux qui se rapprochent des faits primitifs — dont les phénomènes physiques correspondants peuvent être appréciés par la même personne. La plupart des phénomènes sensibles sont dans ce cas. Si, par exemple, je monte une montagne, il y a un certain phénomène corporel qui consiste en une dépense de force, et un certain phénomène interne qui y correspond, la fatigue. Plus la dépense de force augmente, plus aussi s'augmente la fatigue. Nous sommes en droit de soupçonner entre ces deux phénomènes une certaine relation et nous pouvons nous occuper de la trouver. Il est assez facile d'évaluer la dépense de force. On peut sans trop d'inconvénient la regarder comme équivalente au travail extérieur produit. Ce travail est proportionnel au poids du corps et à la hauteur. Il faut exactement la même force pour élever d'un mètre un poids donné, quelle que soit d'ailleurs la hauteur à laquelle se trouve le poids. Le millième mètre à gravir ne demande pas plus de force que le premier. Le travail effectué et, par conséquent, la force dépensée, croît donc avec la hauteur; il est dix fois aussi grand après le millième mètre qu'après le centième. La fatigue croît-elle dans le même rapport? Évidemment non. Il est certain, par exemple, que la fatigue éprouvée par nous pour gravir le millième mètre peut être beaucoup plus grande que celle que nous avons ressentie en gravissant le premier, et elle peut même prendre un tel degré d'intensité que nous ne puissions pas atteindre le deux-millième mètre. La fatigue est-elle proportionnelle à la hauteur? Est-elle mille fois plus grande pour le millième mètre que pour le premier? Évidemment non encore. Pour obtenir la vraie relation entre le travail effectué et la fatigue, il faut pouvoir appliquer à celle-ci une mesure, il faut mesurer la fatigue. Ce que nous disons de la fatigue, nous pourrions le dire de la sensation de lumière qui n'est pas proportionnelle non plus à l'intensité de la lumière, ou de la sensation auditive qui ne croît pas davantage avec la force du son, et, en général, de toutes les sensations. Il faut donc avant tout arriver à appliquer la mesure aux faits internes, car, sans le nombre, il n'y a pas de comparaison possible, pas de loi à formuler.

Cette condition préliminaire n'est pas facile à remplir. Elle présente, elle aussi, des difficultés très grandes. Nous verrons comment on a cherché, soit à les résoudre, soit à les tourner.

Résumons-nous.

La science des rapports de l'âme et du corps doit s'appuyer sur les faits tant psychiques que physiques, et non uniquement sur les faits corporels; la méthode matérialiste ou physiologique est par cela même écartée.

Elle doit sortir du domaine de la conscience et remonter aux faits primitifs; la méthode d'observation, la psychologie descriptive et classificative est donc insuffisante, et même impuissante, puisqu'elle regarde comme des phénomènes simples précisément les produits les plus complexes de la pensée.

Enfin, elle doit faire appel à l'expérience, n'énoncer des lois, ne remonter aux causes qu'à bon escient; elle se tient, par conséquent, en garde contre la spéculation, l'intuition ou la dialectique, tous procédés qui consistent à substituer le rêve à la réalité, un système idéologique basé sur des vues *a priori* à l'enchaînement des choses résultant de forces naturelles.

Mais si elle est persuadée que ni la physiologie, ni les psychologies des écoles, ni la spéculation, n'attaquent pas *directement* la question, elle ne repousse cependant pas systématiquement les services *indirects* que ces sciences peuvent ui rendre. Elle accueille les lumières de quelque part qu'elles viennent.

III

DE L'ORIGINE DES JUGEMENTS CONSCIENTS

Dans les pages précédentes, nous croyons avoir dégagé la méthode à suivre pour procéder à la recherche des lois et des causes des phénomènes internes. Pour cela nous devons remonter à la source de ces phénomènes en pénétrant le plus profondément que nous pourrons dans le domaine de l'inconscience, compléter et contrôler les faits que nous recueillerons sur la route, en recourant dans ce but à une production artificielle de phénomènes psychiques, enfin, nous aider, autant que possible, de la mesure et du calcul.

Nous allons essayer de donner une idée seulement de la manière dont on peut remplir ce programme. Il est impossible, en effet, de faire connaître dans un simple résumé tous les résultats des travaux considérables entrepris dans cette direction par d'illustres savants tels que les Weber, les Fechner, les Helmholtz. Nous n'aurons pas non plus la prétention de présenter ces résultats comme incontestables, mais, nous les appuierons sur des preuves expérimentales. Pour les repousser, il faudra donc aussi des arguments de même nature et non des phrases métaphysiques, si spécieuses, d'ailleurs, qu'elles puissent être.

I. Décomposition des jugements conscients. La plupart des jugements conscients sont des synthèses de jugements antérieurs et, en dernière analyse, d'un certain nombre de jugements qui semblent primitifs, parce que la conscience ne pénètre pas au delà. Attributs esthétiques, attributs cinématiques.

Si nous ne voulons pas nous égarer dans la recherche de l'origine des phénomènes psychiques et notamment de la pensée, nous ne devons certes pas, ainsi que nous l'avons déjà dit, commencer par les idées qui se présentent les dernières dans l'ordre du développement intellectuel. Le meilleur sujet d'observation est donc l'enfant, arrivé cependant à l'âge où il est déjà en état de se rendre compte de ses jugements et de ses raisonnements; car toute pensée, comme on le verra de mieux en mieux, à mesure que nous avancerons dans notre étude, est une affirmation, un jugement plus ou moins implicite. Cherchons donc à analyser les actes de sa jeune intelligence.

Dans une de nos promenades, nous rencontrons un paon. L'enfant n'en a pas encore vu. Le bel oiseau! s'écrie-t-il. Voilà une exclamation qui implique ce jugement : *ce que je vois est un oiseau.*

Mais ce jugement, en apparence instantané, n'est pas primitif. Pour nous en assurer, il suffit de le faire s'expliquer. — Comment sais-tu que c'est un animal, que ce n'est pas une plante ou une pierre? — Parce qu'il se meut, parce qu'il est sensible[1]. — D'où juges-tu qu'il se meut? — *Parce que je le vois bien.* — Pourquoi dis-tu qu'il est sensible? — Parce qu'il tourne ses yeux vers nous, qu'il nous écoute quand nous parlons; puis, parce qu'il mange. — D'où sais-tu qu'il tourne ses yeux vers nous? — *Je le vois bien.* — Mais est-ce nécessairement un oiseau? n'est-ce pas un quadrupède, un poisson? — Non, parce que je vois qu'il a deux pattes, qu'il a des plumes, des ailes, un bec. — Est-ce une poule? — Non, parce qu'il est vert et bleu, et que les poules ne

[1] Inutile de faire remarquer que l'enfant se servira plutôt du terme *vivant*, le mot *sensible* lui étant inconnu. Mais pour lui *vie* est synonyme de *sensibilité;* et, au fond, n'est-ce pas la même chose?

sont ni vertes, ni bleues; parce qu'il a un cri différent de celui de la poule, etc. — Qu'en sais-tu? — *Parce que je le vois, parce que je l'entends*.

D'après cette analyse, nous pouvons nous convaincre que le jugement : *le paon est un oiseau*, est une synthèse, une conclusion, parfaitement consciente, d'un nombre notable de jugements antérieurs, — que ceux-ci, à leur tour, ont été raisonnés plus ou moins rapidement et qu'ils reposent, en définitive, sur des jugements en apparence primitifs.

L'enfant a reconnu au mouvement que le paon est un animal; à sa forme, que c'était un oiseau; à sa forme encore et, en outre, à sa couleur, à son cri, que ce n'était ni une poule, ni un canard, ni aucun oiseau à lui connu. Si on lui avait présenté d'autres objets, des fleurs ou des fruits, il aurait fait intervenir l'odeur, le goût, puis, la température, la compressibilité, etc. Mais si nous demandons à l'enfant pourquoi il dit d'un objet qu'il se meut ou qu'il est vert, il sera parfaitement hors d'état de donner une réponse qui signifie autre chose que ceci : parce qu'il se meut, parce qu'il est vert.

Il a répondu, autant qu'il l'a pu, aux *pourquoi;* il a trouvé dans sa conscience les *parce que* qu'on lui demandait; mais on finira toujours par lui poser des *pourquoi* dont il ne pourra donner les *parce que*. En d'autres termes, on arrive à des jugements élémentaires qui, dans la conscience, servent de bases à d'autres jugements subséquents, mais qui semblent ne pas avoir de raison eux-mêmes. Ils forment la limite du domaine de notre conscience actuelle.

Mais, évidemment, on ne doit pas s'arrêter là. Quand je dis d'un objet qu'il est vert, j'entends par là qu'il n'est ni bleu, ni rouge, ni jaune; il y a des raisons qui m'ont fait lui attribuer cette couleur et non une autre. Le bleu, le rouge, le vert ont pour moi certains caractères qui me déterminent, d'un côté, à ranger ces attributs parmi les couleurs, et, d'un autre côté, à les distinguer l'un de l'autre. Mais ne me demandez pas en quoi le vert ressemble au rouge, ni en quoi il ne lui ressemble pas. Je ne saurais vous répondre. Je ne

vous satisferai pas davantage si vous voulez savoir de moi
en quoi une couleur diffère d'un son ou d'une odeur.

Ce sont ces jugements élémentaires que le psychophysicien
doit spécialement étudier ; c'est à eux qu'il doit s'adresser
pour obtenir quelques renseignements sur la nature de la
pensée. Il ne parviendra peut-être pas complétement à élu-
cider l'origine de ces jugements ; mais il sait à l'avance que,
s'il n'y réussit pas, il n'expliquera pas davantage les autres
jugements que tout être sensible ou raisonnable peut former. En effet, s'il ne m'apprend pas comment j'ai la notion
du mouvement, de la forme, des couleurs, des odeurs, des
sons, il sera bien plus impuissant à me dire comment je possède les notions abstraites ou morales, puisqu'elles m'ont
apparu après les premières. Il sait encore que s'il rend compte
de l'existence en moi de ces idées élémentaires, il aura posé
un premier jalon, il aura jeté les fondements de la science.

Les jugements élémentaires portent sur les qualités des
objets. Ces qualités sont de deux espèces : les unes apparaissent comme appartenant nécessairement à tout objet,
quelle que soit d'ailleurs la manière dont il affecte notre sensibilité ; telles sont la mobilité, la durée, l'étendue, la forme ;
les autres sont ondoyantes et dépendent essentiellement de
notre manière de sentir ; tels sont le goût, l'odeur, la couleur,
la température, la sonorité. Le nombre des premières est
déterminé en soi ; celui des secondes, en nous, car à chaque
sens correspond une qualité sensible. Une fleur n'a de couleur que pour l'être doué du sens des couleurs, et elle n'a
d'odeur que pour l'être doué d'odorat. Appelons *esthétiques*
les attributs relatifs à notre constitution sensible, pour les
distinguer de ces attributs inhérents à tout objet et indépendants de notre sensibilité, et auxquels nous donnerons le
nom de *cinématiques*, parce qu'ils dérivent tous du mouvement, comme on le verra ensuite, et que nous en acquérons
la notion grâce au sentiment de la motilité.

Maintenant il s'agit de procéder à l'analyse des jugements
esthétiques et des jugements cinématiques, de tâcher d'en
poursuivre la formation jusque dans l'inconscience.

II. **Analyse de la sensibilité. Analyse de la sensation de couleur.** Les jugements sur les qualités sensibles des objets ne sont pas primitifs : ils reposent sur un raisonnement dont on n'a pas conscience et dont les prémisses se trouvent en grande partie dans l'habitude et l'instinct.

Nous commencerons par les jugements esthétiques. Nous allons rechercher d'où dépend le jugement que nous portons sur les phénomènes de lumière, de son, etc., jugement renfermé dans la sensation et qui peut s'exprimer par les mots : *je vois, j'entends*, etc. Nous démontrerons qu'il n'est pas primitif, bien qu'il apparaisse à la conscience comme tel. Naturellement, on ne peut ici passer en revue toutes les espèces de sensations et les soumettre à l'analyse. La démonstration portera uniquement sur les sensations de couleur qui possèdent d'ailleurs au plus haut degré les caractères du primitif apparent. Nous espérons montrer que ce jugement : *je vois du vert*, est la conclusion d'une série indéfinie de jugements antérieurs ensevelis dans l'inconscience. Le lecteur admettra facilement que toute autre sensation est susceptible d'une décomposition analogue. Du reste, nous le croyons du moins, la science n'est encore parvenue à analyser suffisamment que les sensations sonores et lumineuses ; le goût et l'odorat surtout n'ont pas, que nous sachions, été l'objet de recherches approfondies. Mais les résultats obtenus en optique et en acoustique psychologiques font assez pressentir la nature de ceux qui restent à obtenir.

La question à résoudre se pose en ces termes : A quoi reconnais-je le vert, et pourquoi est-ce que je ne le confonds pas avec le rouge? Je pourrais de même me demander : A quoi reconnais-je l'odeur de la rose, et pourquoi est-ce que je ne la confonds pas avec celle de la violette? Qu'est-ce qui me fait distinguer le son de la trompette de celui de la flûte? Il semble, en effet, que ce jugement : *je vois le vert*, comme ceux-ci : *je sens l'odeur de la rose* et *j'entends le son de la trompette*, est immédiat, primitif.

Tout d'abord, prémunissons le lecteur contre une méprise

possible. Il ne faut pas qu'on s'imagine avoir résolu la difficulté en répondant que le vert a une longueur d'ondulation
plus petite que le rouge ; pas plus que, pour employer un
exemple familier à la généralité des lecteurs, on ne donnerait
une réponse satisfaisante à la question : *A quoi distinguons-
nous une note de sa quinte ou de son octave?* en disant que
la quinte, l'octave, renferme une demi-fois, une fois autant
de vibrations dans le même temps. En effet, il ne s'agit pas
ici d'une analyse physique, mais d'une analyse psychologique. Que l'octave ait deux fois plus de vibrations que le ton
fondamental, je n'y contredis pas, mais mon âme n'en sait
rien ; elle juge le ton fondamental distinct de l'octave et de
la quinte, sans qu'elle ait le moins du monde besoin de savoir
que le son est produit par les vibrations d'un corps élastique
et que le nombre de ces vibrations en détermine la qualité.
D'ailleurs, quel rapport y a-t-il entre les vibrations et l'audition, entre les vibrations et la vision? C'est là précisément
ce qu'il faudrait dire ; et répondre comme on serait tenté de le
faire, c'est préjuger la question, c'est tomber dans le même
vice de raisonnement que celui que nous avons signalé à
propos des rapports du cerveau et de la pensée : Quelle relation, disions-nous, existe-t-il entre une pensée et la décomposition chimique d'une certaine quantité de substance nerveuse ?

Mais du moins, dira-t-on encore, la sensation correspond
toujours à une impression organique. C'est une erreur.

Voici une expérience qui prouve péremptoirement que la
sensation de couleur peut reposer uniquement sur un acte
de la pensée.

Représentez-vous une chambre obscure dans le volet de laquelle sont pratiquées deux ouvertures ; l'une d'elles, B, laisse
pénétrer la lumière blanche, l'autre, R, grâce à une vitre
colorée, ne laisse pénétrer que la lumière rouge. L'intérieur
de la chambre, et notamment la paroi opposée que nous supposons être blanche, sont donc éclairés par un mélange de
lumière blanche et de lumière rouge, c'est à dire, en somme,
par de la lumière rouge un peu affaiblie. Imaginez qu'on
place un corps opaque C, un bâton par exemple, sur le pas-

sage des rayons lumineux. Deux ombres, *b* et *r*, seront projetées sur la paroi. L'ombre *b* ne recevra aucun rayon rouge ;
elle sera uniquement éclairée par la lumière blanche émanée
de l'ouverture B ; elle sera donc, en réalité, blanche ou plutôt
grise — car nous appelons gris un blanc moins clair. De son
côté, l'ombre *r* ne sera aucunement éclairée par la lumière
blanche ; mais, en revanche, elle le sera par la lumière rouge
émanant de l'ouverture R. Et, en effet, elle vous paraîtra
d'un rouge vif. Mais la paroi vous semblera d'un rouge très
pâle, et l'ombre *b*, vous la jugerez d'un vert intense.

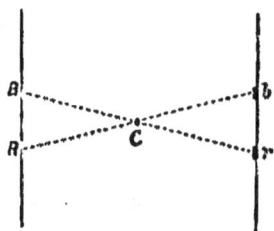

Cette apparence ne repose sur aucune raison physique ou
physiologique ; car la partie de la rétine sur laquelle tombe
l'image de l'ombre *b* n'est objectivement ni subjectivement
affectée en vert.

Cependant, vous soupçonnez sans peine que c'est à la présence de la vitre rouge placée en R qu'est due cette illusion.
En effet, si nous ôtons cette vitre, bien que l'ombre *b* continue à recevoir exactement la même lumière qu'auparavant,
tant en qualité qu'en quantité, elle vous apparaîtra grise ;
et si nous substituons à la vitre rouge une vitre verte, elle
vous apparaîtra rouge.

Vous pourrez donc, avec raison d'ailleurs, soupçonner que
c'est dans la couleur de la lumière répandue dans la chambre
que réside la cause de l'erreur. Poussons l'expérience plus loin.
Rétablissons les choses dans leur état primitif, et considérez
l'ombre *b*, que vous voyez verte, à travers un tube étroit qui
vous permette de voir l'ombre sans en voir les bords. Elle
persiste à vous paraître verte. Supprimons la vitre rouge,

pendant que vous continuez à regarder l'ombre à travers le tube, vous la voyez toujours verte. Remplaçons la vitre rouge par une vitre verte, bleue, jaune, de n'importe quelle couleur, l'ombre ne change pas d'aspect.

Faisons l'expérience en sens inverse. Supprimons le verre coloré et écartez le tube de votre œil. Vous le savez, l'ombre vous apparaîtra grise, comme elle l'est en effet. Reprenez votre tube et considérez de nouveau l'ombre, vous la jugerez grise. Pendant que vous êtes dans cette position, nous replaçons la vitre rouge, puis nous lui en substituons une verte, une bleue, une jaune; votre jugement ne varie pas : l'ombre est grise.

Combinons les deux expériences ; et cette ombre b, qui en fait est grise, passera coup sur coup par toutes les couleurs, sans que l'on puisse assigner aucune cause physique ou physiologique au phénomène.

Remettons encore une fois tout dans son premier état : la vitre rouge est placée à l'ouverture R, l'ombre b est jugée verte.

Vous mettez ensuite le tube à l'œil de manière à ne voir que l'ombre. Vous savez que celle-ci vous apparaît du même vert. Enlevons la vitre rouge ; votre jugement ne varie pas. Mais supprimez votre tube ou, ce qui revient au même, écartez-le légèrement de sa position première, de manière à voir un des bords de l'ombre, celle-ci vous apparaîtra immédiatement grise. Reprenez le tube de manière à ne voir que l'ombre. Vous vous attendez à revoir celle-ci verte. Pas le moins du monde ; vous la voyez grise. Nous allons replacer la vitre rouge. Cette fois-ci, vous en êtes certain, vous reverrez votre ombre verte. Erreur ! vous la voyez encore grise. Mais si vous écartez de nouveau le tube de manière à voir un bord de l'ombre, la couleur verte reparaît. Si vous remettez ensuite le tube dans sa première position, vous la verrez verte comme auparavant, et nous pourrons recommencer le cercle de nos expériences. Si l'on varie la couleur de la vitre placée à l'ouverture R, on pourra, en procédant de la même façon, faire passer l'ombre b par toutes les couleurs du spectre, en écartant ou en redisposant le tube au moment voulu.

Cette expérience ne laisse pas de place au doute. Les erreurs résident uniquement dans le jugement. Or, le jugement, dans ce cas, est immédiat, ou du moins est tel aux yeux du sens intime; et vous avez beau savoir que l'ombre est grise, que vous devriez la voir grise, vous la verrez immanquablement verte ou grise, suivant la phase de l'expérience dans laquelle vous vous trouverez.

La cause de l'erreur n'étant ni physique, ni physiologique, est donc psychologique et gît dans l'inconscience. Nous allons la dégager.

On sait que l'on nomme complémentaires deux couleurs qui, par leur réunion, produisent le blanc. Ainsi, le rouge et le vert sont complémentaires, de même que le jaune et l'indigo, le bleu et l'orange, etc.

Il résulte de là que si l'on fait passer de la lumière blanche à travers une vitre rouge, celle-ci, ne laissant traverser que les rayons rouges, arrête les rayons verts.

Quand nous disons que la vitre rouge ne laisse passer que les rayons rouges, nous allons trop loin. En réalité, une certaine quantité, plus ou moins considérable, de lumière blanche, traverse aussi la vitre, de sorte que le rouge que nous voyons est, au fond, un mélange de lumière blanche et de lumière rouge.

Supposons pour un instant cependant que cette vitre ne laisse passer que les rayons rouges. Supposons aussi que nous regardions à travers ce verre une feuille de papier blanc, sur laquelle on a placé un pain à cacheter vert; et, enfin, admettons que ce pain à cacheter soit d'un vert absolu, d'un vert ne contenant aucune autre couleur. Comme les rayons verts ne peuvent traverser la vitre rouge, il est clair que nous verrons à travers celui-ci un papier rouge, sur lequel se trouve collé un pain à cacheter noir.

Mais il n'y a pas dans la nature de vert absolu; en réalité, tous les verts sont mélangés, entre autres, de couleur blanche; et, comme notre vitre rouge, nous l'avons dit, laisse aussi passer de la couleur blanche, notre papier nous devrait faire l'effet d'un papier rouge sur lequel se trouverait placé un pain à cacheter gris.

Il n'en est pourtant pas ainsi ; nous jugerons le papier comme plus ou moins blanc et le pain à cacheter comme plus ou moins vert. D'où cela provient-il? De l'exercice auquel nous avons soumis nos sens.

Nous l'avons dit précédemment, tous nos sens sont dirigés vers la connaissance de l'extérieur, et nullement vers celle de leurs modifications subjectives. Car, dans la lutte pour l'existence, c'est de cette connaissance plus ou moins parfaite que dépendent nos plus ou moins grands avantages. Or, un de nos moyens de connaissance à l'égard des objets, c'est leur couleur. Nous nous sommes donc exercés à reconnaître les couleurs à travers les modifications de la lumière ambiante. Celle-ci est extrêmement variable, suivant l'aspect et la disposition des nuages, l'état de l'atmosphère, la couleur des objets qui réfléchissent ou réfractent la lumière solaire, enfin, pour mille raisons. Nous savons, par exemple, que la lumière du soleil levant est rose, que celle du soleil couchant est rouge ; que, par un temps d'orage, elle prend une teinte sinistre toute particulière. Ces variations, nous nous sommes habitués à en faire abstraction. Nous dégageons la lumière réfractée de la couleur particulière du milieu réfringent. De même, nous reconnaissons la couleur réfléchie des objets en faisant abstraction de la couleur propre de la substance réfléchissante. Ainsi, nous reconnaîtrons les différentes couleurs d'une tasse en porcelaine dans son image réfléchie par une table d'acajou poli.

De là, nous avons fini par savoir juger du vert à travers le rouge. Physiquement parlant, le vert vu à travers du rouge doit paraître grisâtre ; mais notre jugement redresse cet effet ; comme nous voyons que le gris qui frappe notre œil est perçu à travers le rouge, nous en *concluons* que ce gris provient nécessairement du vert, car le vert seul est vu gris à travers le rouge. C'est pour cela que nous voyons ce pain à cacheter non gris, mais vert.

Ici, comme on le voit, l'exercice, l'habitude a *rectifié* l'impression faite sur nos sens. Mais dans l'expérience que nous avons instituée, cette même habitude engendre l'erreur.

En effet, qui ne voit maintenant que nous jugeons verte l'ombre *b* qui, en réalité, est grise, uniquement parce que nous nous figurons la voir à travers la lumière rouge, puisque le rouge est la lumière ambiante. Une fois que nous l'avons jugée verte, si nous plaçons notre tube, il n'y a pour nous aucune raison de changer d'avis; et il n'existe pas davantage de raison quand on supprime la vitre rouge, puisque nous n'éprouvons aucun changement d'état. Mais la vitre rouge étant supprimée et notre tube écarté, nous jugeons tout de suite que la tache est grise, parce que nous croyons l'apercevoir à travers la lumière blanche; et quand nous replaçons notre tube devant l'œil, nous persistons à la juger grise, quelque changement que l'on fasse à la lumière venant de l'ouverture R, parce que, encore une fois, nous n'éprouvons aucune variation d'état de nature à modifier notre jugement.

Cette expérience si saisissante, on l'a variée de mille façons. En voici une qui est à la portée de tout le monde. Qu'on prenne un carré de papier rouge de la grandeur d'une feuille de papier de poste ordinaire; qu'on pose par dessus une feuille de papier blanc assez transparent pour laisser passer la couleur rouge à travers son tissu — il faut que ce papier ait les dimensions du papier rouge et qu'il le recouvre exactement. Qu'on introduise entre les deux feuilles un morceau de papier gris de la grandeur d'un pain à cacheter; nous le jugerons immédiatement vert; tandis que si nous le plaçons au dessus, nous le verrons effectivement gris. On comprend sans peine la raison de ces deux jugements en apparence contradictoires.

Le papier transparent, bien que blanc, nous fait l'effet d'être un papier rouge, et, dès lors, le papier gris, que nous apercevons en dessous, nous croyons le voir à travers du rouge, et nous en concluons immédiatement qu'il doit être vert. Il n'en est plus de même quand nous le voyons au dessus du papier transparent et nous n'avons pas de raison de porter un jugement erroné. Chose remarquable et qui confirme l'explication que nous venons de donner, c'est que, si pendant que le papier gris est placé en dessous du papier transparent et jugé vert, on place par dessus et qu'on tienne à la main un autre petit morceau de papier gris exactement de la même nuance, l'illusion disparaît pour reparaître aussitôt qu'on le lâche.

La sensation de couleur, qui est un jugement, peut donc être modifiée par les jugements portés antérieurement. Le même rouge sera vu différemment suivant la couleur qu'on aura regardée avant lui. Il paraîtra gris si notre regard vient de tomber sur un rouge vif; rouge très vif, au contraire, si l'œil s'est longtemps arrêté sur du vert. C'est cet ensemble d'observations qui constitue l'art d'assortir les couleurs que les femmes possèdent à un si haut degré.

Ce genre d'analyse s'applique à tous les ordres de sensation. En musique, une note est juste ou fausse suivant celles qui la précèdent. Le goût d'une chose est influencé par le goût des choses qu'on a savourées auparavant. C'est un fait qui est parfaitement à la connaissance des gourmets. Si l'on plonge une main dans l'eau chaude, l'autre dans l'eau froide, puis qu'on les trempe toutes les deux dans la même eau tiède, la première jugera que cette eau est froide, la seconde qu'elle est chaude.

Il est donc maintenant prouvé, croyons-nous, que le jugement sur la couleur repose, sans doute, sur une propriété spéciale de la substance sensoriale optique, mais aussi sur des jugements antérieurs inconscients, et qui sont devenus tels par un effet de l'habitude ou parce qu'ils reposent sur l'instinct. Quant à ces deux facultés, nous ne tarderons pas à les définir.

III. Analyse de la motilité. Origine des notions de distance, de direction, de situation et de forme. Les jugements sur la position et la forme des objets reposent aussi sur un raisonnement inconscient, fondé lui-même sur l'habitude et l'instinct. L'œil, en tant qu'organe du sens de l'étendue, ne doit être envisagé que comme appareil musculaire.

Passons maintenant à l'analyse de la manière dont se forment en nous les idées qui se rapportent aux propriétés du mouvement et de l'étendue, et, pour le moment, attachons-nous aux plus complexes d'entre elles : la grandeur et la forme.

Il semble aussi, à première vue, que la connaissance de la grandeur et surtout de la forme des objets nous est fournie directement et immédiatement par les sens ; que si nous jugeons d'une figure qu'elle est carrée, c'est parce qu'elle l'est en effet. Cependant, il suffit d'un peu de réflexion pour voir qu'il n'en est pas toujours ainsi. Dans un tableau, nous reconnaîtrons une table carrée là où le peintre a dessiné un quadrilatère très souvent irrégulier. Le tableau ne nous fait illusion que parce qu'il reproduit fidèlement l'effet que les objets font sur nos sens.

On va voir que le jugement sur la forme découle, comme les autres, d'une série indéfinie de jugements antérieurs, la plupart inconscients, et qu'il se fonde en dernière analyse sur la motilité, c'est à dire sur la faculté de se mouvoir, tout en ayant le sentiment de l'effort que l'on déploie pour effectuer le mouvement.

Cette proposition pourrait à première vue se passer de démonstration, si nous parlions à des aveugles, dont la main seule dirige le sens musculaire ; mais elle est moins évidente pour des clairvoyants, qui croient naturellement que l'œil immobile leur fait connaître les figures et autres propriétés de l'espace.

Or, l'œil, dans ce cas, n'agit que comme directeur du sens musculaire, de la même façon qu'agit le nez du chien, qui lui permet de suivre la piste du gibier, de la même façon que le bâton de l'aveugle, qui l'avertit des obstacles qui se trouvent sur sa route.

L'œil, on le sait, est un globe qui tourne autour de son centre. Il est mû par quatre muscles (nous ne faisons pas mention des muscles obliques pour ne pas compliquer la démonstration) placés en haut et en bas, à droite et à gauche, et appelés supérieur, inférieur, interne et externe, l'interne étant le muscle placé du côté du nez, l'externe, le muscle opposé. Le fond de l'œil est tapissé par une membrane sensible à la lumière, nommée la rétine, et un point de cette

membrane, la tache jaune, est tout particulièrement doué à
cet égard d'une sensibilité extrême. C'est proprement la tache
jaune qui est l'organe dirigeant, en ce sens que nous ame-
nons sur elle l'image du point lumineux que nous voulons
fixer. On peut donc momentanément ne considérer qu'elle.
Notre œil peut ainsi s'assimiler à l'œil placé au bout des
cornes du colimaçon et que l'animal dirige vers les points
lumineux de l'espace. Il n'est plus nécessaire maintenant de
tenir compte de la faculté qu'a l'œil de percevoir les couleurs. Cette propriété est devenue indifférente; il suffit qu'il
distingue la lumière.

Commençons par la notion de distance, ou celle de longueur qui s'identifie avec elle. L'œil, comme les bras ou les
jambes, l'apprécie d'après l'effort qu'il doit faire pour la
parcourir; s'il s'agit de l'appréciation de l'éloignement par
la vue au moyen des deux yeux, d'après l'effort de convergence
des deux yeux vers le point fixé; pour l'appréciation par un
œil, d'après l'effort dit d'accommodation. Donc toute cause qui
tend à augmenter l'effort doit faire paraître la distance plus
longue, et c'est ce que nous pouvons vérifier tous les jours,
pour les jambes, du moins. En dehors de tout autre moyen de
contrôle, la fatigue, la paralysie, la vieillesse augmentent
les distances; la dernière lieue d'une journée de marche
paraît plus longue que la première. En est-il de même
pour l'œil? On a fait des expériences délicates qui mettent ce point hors de doute. Si l'on essaie de diviser une
droite horizontale perpendiculaire aux rayons visuels en deux
parties égales, on placera en moyenne le point de division
au milieu. Nous disons *en moyenne*, car si l'on répète plusieurs fois l'opération, les erreurs se trouveront tantôt à droite,
tantôt à gauche, de manière à se compenser et à s'annuler.

Supposons que sur la moitié de gauche de cette ligne on
marque de distance en distance quelques points et qu'on
fasse ensuite répéter l'expérience [1], le point de division sera
en moyenne vers la gauche.

[1] Il est de toute nécessité, quand on fait cette expérience, que l'expérimentateur ne soit pas prévenu de ce qui va se produire.

D'où provient donc que maintenant la portion de gauche lui paraît aussi longue que la portion de droite, bien qu'elle soit plus petite? Cela provient évidemment des points que l'on a marqués sur cette partie et qui ont eu pour effet d'interrompre l'œil dans sa marche et d'augmenter sa fatigue. C'est comme le piéton qui voyage avec un ami qui l'arrête à chaque pas pour lui communiquer une observation.

Quant à la cause de ce surcroît de fatigue, elle est toute mécanique. Il y a force perdue pour le mouvement [1] chaque fois qu'un corps passe du repos au mouvement, ou réciproquement, ou même quand il y a simplement changement de vitesse. C'est ainsi qu'un cheval doit faire plus d'effort pour mettre en branle une lourde charrette que pour la traîner dès qu'elle est en marche. Il suit de là que l'effort que doit faire l'œil pour mesurer une ligne se compose de plusieurs efforts consécutifs : le premier pour se mettre en mouvement, le second pour parcourir cette ligne, le troisième pour s'arrêter. Le premier et le dernier interviennent dans la mesure de toute ligne, quelle qu'en soit la longueur. Et, par suite, si l'on compare deux lignes de grandeurs différentes, la plus petite sera comparativement plus augmentée que la plus grande. Supposons, par exemple, que cet effort perdu corresponde à une longueur d'un millimètre; une ligne d'un centimètre sera vue comme si elle avait onze millimètres, et une ligne de deux centimètres, double, par conséquent, paraîtra comme une ligne de vingt et un millimètres, ce qui n'est pas le double de onze millimètres.

De même, si l'on divise une ligne verticale, on placera en général le point de division trop haut. Cela provient de ce que le muscle qui tire l'œil en haut pour lui faire apprécier la moitié supérieure, est plus faible que celui qui l'abaisse pour lui faire apprécier la moitié inférieure. La même expérience peut subir une petite modification qui la rend saisissante. Si l'on examine un 8 imprimé, ou une S, un Z, un X, on trouvera la partie supérieure un peu plus petite que la partie infé-

---

[1] Cette force perdue pour le mouvement produit un changement d'état du mobile.

rieure. Cela existe en fait. Mais si l'on retourne le chiffre ou la lettre, on trouvera que cette différence est énorme. Dans la position ordinaire, la différence réelle est amoindrie, elle est agrandie, au contraire, quand le chiffre ou la lettre est renversé. La notion que nous avons de la grandeur respective des deux parties du 8 ne dépend donc pas uniquement de leur rapport réel, mais encore de nos organes.

Il suit de là que si l'on est borgne ou si l'on ferme volontairement un œil, on divisera inexactement, en dehors de tout exercice préalable, une ligne horizontale, à moins d'avoir le muscle qui tire l'œil en dehors exactement de la même force que celui qui tire l'œil en dedans. Si le muscle externe d'un œil vient à être atteint de paralysie, le malade pendant quelque temps verra les objets plus éloignés de cet œil qu'ils ne le seront en réalité. Peu à peu cependant il s'habituera à juger plus sainement de la position des objets. Guérissez-le, il éprouvera encore le même inconvénient, mais en sens contraire.

On commettrait des erreurs semblables, si l'on avait à diviser une ligne placée dans la direction de l'axe optique ; on placerait le point de division beaucoup trop près de l'œil.

On pourrait multiplier ces exemples, mais nous passons immédiatement à la notion de direction.

On voit sans peine comment nous avons la notion de haut et de bas, de droite et de gauche. Pour suivre un point qui se meut de bas en haut, nous devons faire tourner l'œil sur lui-même en le tirant par le muscle supérieur. Si le point se meut de haut en bas, l'œil sera tiré par le muscle inférieur. Pour apprécier la direction d'un point qui se meut vers la droite, on tire l'œil droit avec le muscle externe, l'œil gauche avec le muscle interne, et l'inverse a lieu quand le point se dirige vers la gauche.

Par parenthèse, comme l'œil tourne autour de son centre il résulte de là que la tache jaune est animée d'un mouvement opposé à celui de la pupille ; et cette considération réduit à néant toutes les difficultés que l'on trouve dans le fait que l'image peinte sur la rétine est renversée, c'est à dire que dans l'image, par exemple, d'un jardin public, tous les promeneurs marchent comme les antipodes, la tête en bas. L'esprit n'a, en aucune façon, connaissance de l'image peinte sur la rétine.

Quant à la direction en avant ou en arrière, nous l'apprécions par les variations de l'effort que nous devons faire pour diriger nos deux yeux vers le point de l'espace que nous considérons, et dans la vision monoculaire, par la variation de l'effort dit d'accommodation.

Toute direction intermédiaire entre ces directions cardinales exige une combinaison d'actions des différents muscles de l'œil. Et la notion correspondante suit le sentiment de la variété des efforts.

La notion de la situation dans l'espace implique celles de distance et de direction.

La notion de forme implique aussi celles de distance et de direction, et, en outre, celle de variation de direction, ou d'angle.

L'angle est, en effet, la différence de deux directions [1].

Comment apprécierons-nous cette différence? Par l'effort qu'il faut faire pour passer de l'une à l'autre. Ici, comme pour les distances, cet effort se compose d'un effort variable proportionnellement à la grandeur de l'angle et d'un effort fixe nécessaire pour le passage du repos au mouvement et du mouvement au repos. Il suit de là que deux angles égaux, dont l'un est divisé par des droites en plusieurs angles plus petits, paraîtront inégaux. Et c'est ce qui a lieu en effet, l'angle divisé est jugé plus grand. Une autre conséquence, c'est que l'angle obtus paraîtra comparativement moins ouvert que l'angle aigu; ou encore que deux angles dans le rapport réel de 50 à 100 sont vus dans le rapport apparent, par exemple, de 51 à 101. C'est ce que prouve la figure ci-jointe, où le prolongement de la ligne A B semble être en E, tandis qu'il est en D, exactement comme si l'angle ABC

---

[1] Ainsi, un triangle est connu quand on connaît la longueur de ses côtés et leurs directions.

s'était rétréci ou l'angle BCD agrandi. En fait, ils apparaissent agrandis tous les deux de la même quantité, mais cela
suffit pour produire l'écart.

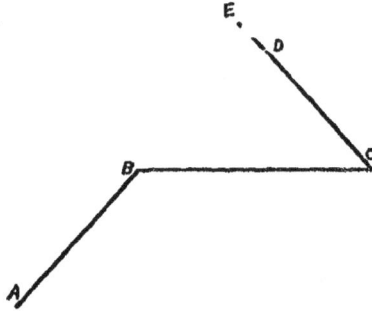

Voici une autre illusion frappante reposant sur la même
cause.

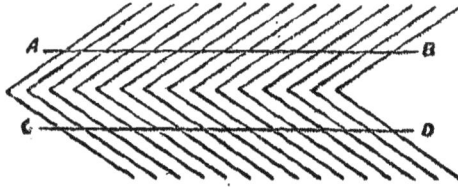

En dépit de l'apparence, les droites AB et CD de la figure
ci-dessus sont parallèles, et ce sont les lignes obliques qui
leur donnent l'air de converger vers la droite. Le jugement
que nous portons sur le parallélisme ou l'obliquité n'est donc
pas le résultat du parallélisme ou de l'obliquité réelle; il
n'est pas non plus le résultat de la forme de l'image tracée
sur la rétine, puisque les lignes AB, CD étaient jugées parallèles avant le tracé des obliques et que ce tracé n'a modifié
en rien l'image des droites sur la rétine.

Ce phénomène, comme on peut le démontrer d'un grand
nombre de façons diverses, provient de ce que notre œil
agrandit en somme les angles aigus; et cet agrandissement
comparatif des angles aigus formés par les parallèles AB et

CD et les obliques fait en apparence converger celles-là vers la droite.

Cette propriété reconnue, on peut créer à volonté des illusions d'optique. On peut donner à une ligne droite les apparences d'une ligne brisée, d'une ligne courbe ou sinueuse, on peut dévier des verticales, en un mot, faire porter sur la forme des jugements erronés. Ces jugements, qui seuls apparaissent à la conscience et semblent être des affirmations directes des sens, sont, comme on le voit, des conclusions fondées sur certains états internes et sur d'autres jugements antérieurs. Ainsi, reprenons l'exemple de nos parallèles qui paraissent converger vers la droite. Nous affirmons de deux droites qu'elles sont parallèles lorsqu'elles présentent certains caractères qui sollicitent nos sens d'une certaine façon; nous jugeons qu'elles sont convergentes quand elles présentent d'autres caractères. Or, si je vois converger deux droites qui pourtant en fait sont parallèles, et si cette vue s'impose à moi, c'est que je reconnais en elles les caractères de la convergence; ces caractères sont donc en moi, sont subjectifs; et d'où proviennent-ils? Encore une fois de l'habitude ou de l'instinct. J'ai exercé mes sens à juger du parallélisme ou de la convergence de deux lignes, malgré les lois de la perspective qui en altèrent la direction. Je me suis créé à cet égard certaines règles; j'ai appris à reconnaître la réalité d'après les caractères subjectifs de mes sensations. Lorsque ces caractères se présentent à moi, et quelle que soit la cause qui les produise, qu'elle soit ordinaire ou extraordinaire, mon jugement est commandé par l'habitude acquise [1].

Le jugement que je porte est donc la conclusion d'un raisonnement inductif inconscient qu'on pourrait énoncer comme suit : jusqu'à présent, quand j'ai éprouvé telles sen-

---

[1] On sait que dans les monuments grecs, il y a fort peu de lignes exactement droites, verticales ou parallèles. Ainsi, les colonnes angulaires d'un temple convergent vers un point idéal situé dans le ciel. C'est que l'architecte a senti qu'il devait agrandir l'angle obtus formé par elles et les obliques du fronton.

sations musculaires en considérant des lignes droites, j'ai trouvé qu'elles étaient convergentes; comme j'éprouve ces mêmes sensations musculaires, les lignes présentes sont convergentes. Cela est si vrai que, si nous plaçons la figure devant l'œil, à peu près suivant l'axe visuel, de manière à voir fuir les parallèles, le parallélisme reparaît, bien que, en fait, l'image peinte sur la rétine soit maintenant celle de lignes convergentes. Dans cette position, l'effet des hachures est affaibli et elles se réduisent à une ombre; il ne reste que les lignes non altérées, et rien ne nous empêche dès lors d'en apprécier le parallélisme[1].

C'est de cette façon qu'on s'explique que nous ayons appris à juger de la forme des objets, malgré les illusions de la perspective; un étang circulaire devrait nous paraître ovale; et pourtant notre esprit s'habitue si bien à redresser l'affirmation de nos sens que, même dans un tableau, dans un dessin, nous voyons bien un cercle là où il n'y a qu'un ovale de tracé.

De même nous jugeons de la grandeur d'un objet d'après la distance où nous croyons qu'il est placé. C'est ainsi que chacun se fait une idée différente des dimensions de la lune. Pour les uns, elle est de la grandeur d'une table; pour d'autres, d'une assiette; pour d'autres encore, d'une soucoupe, suivant qu'on se la figure plus ou moins éloignée de nous. Regardée à travers un tube, elle paraît tout au plus avoir le diamètre d'une pièce de cinq francs. A l'inverse, une mouche nous fait quelquefois l'effet d'un énorme oiseau volant dans les airs.

Nous ne nous faisons aucune idée de la grandeur du cadran d'une cathédrale ou du coq qui surmonte un clocher, de l'élévation d'une montagne et, en général, des objets qui sont en dehors du cercle de notre expérience journalière.

En revanche, quand nous connaissons les proportions d'un objet, nous sommes trompés, pour ainsi dire, en sens contraire. Ainsi, nous sommes familiarisés avec la taille ordi-

[1] Ceux qui voudraient avoir plus de détails sur ce sujet peuvent lire, dans les *Bulletins de l'Académie royale de Belgique*, 2ᵉ série, t. XIX, nº 2, et t. XX, nº 6, les deux notes que nous y avons insérées sur *certaines illusions d'optique*.

naire de l'homme; de là il suit qu'un homme qui nous
apparaît au loin dans la plaine ou au sommet d'un clocher
ou d'une colline, n'est pas soumis aux règles de la perspective; nous le voyons tel qu'il est. Par contre, les statues
colossales, placées à hauteur convenable, nous paraissent de
grandeur naturelle. Il en est de même des personnages des
tableaux peints, par exemple, au plafond des églises, bien
que leurs dimensions soient parfois considérables.

On me dira peut-être que tous ces mouvements de l'œil,
on ne les sent pas, qu'on juge de la forme des objets sans
les faire mouvoir, que le jugement est instantané.

Sans doute. Voici l'explication de ce fait.

La rétine est une surface sensible à la lumière, mais elle
ne l'est pas également dans toute son étendue. Cette sensibilité s'affaiblit en rayonnant à partir de la tache jaune.
Primitivement, l'œil, pour juger d'un contour, promène la
tache jaune sur tous ses points. Pendant qu'il est attaché sur
un point, le reste du contour affecte diversement d'autres
parties de la rétine et, par expérience, l'œil sait quels mouvements il devrait faire pour amener successivement sur la
tache jaune les autres points de la figure; et en conséquence
il peut se dispenser d'exécuter ces mouvements. Je sais
aujourd'hui, sans que j'aie besoin pour cela de recourir
à l'expérience, comment je devrais m'y prendre pour toucher du doigt un lieu déterminé. Je saisis immédiatement
la distance de deux pointes de compas qu'on appuierait
sur la paume de ma main. Il en est de même pour l'œil. La
rétine permet donc d'avoir d'emblée la connaissance du
contour et de la surface, tandis que, réduite à la tache jaune,
elle nous mettrait seulement en état d'acquérir successivement cette même connaissance, à la façon de la main de
l'aveugle se promenant sur les objets [1].

---

[1] SPENCER est donc dans l'erreur, ce nous semble, quand il croit trouver
dans des propriétés — un peu mystérieuses — du tissu de la rétine, là
cause de la vivacité des impressions visuelles et de la facilité avec laquelle
elles sont renouvelées par le souvenir. L'œil se rappelle assez facilement
les contours parce qu'il se meut avec une précision obtenue de longue

C'est la faculté de diriger volontairement et en le sachant la force dont nous disposons, c'est le sentiment de la motilité, en un mot, qui nous met en état de connaître l'existence des objets extérieurs et leurs formes.

Ce sens agit avec d'autant plus de perfection qu'il a à ses ordres un instrument plus précis. De longues tiges, antennes ou bras, terminées par des points sensibles bien déterminés et mus par des muscles délicats, sont à cet égard d'excellents organes. Nos mains remplissent ces conditions. On sait quelle rare perfection atteint le sens, dit improprement, du toucher, ou plutôt le sens musculaire chez les aveugles nés. Les clairvoyants peuvent avec un peu d'exercice acquérir une délicatesse aussi grande. Marmontel, dans ses Mémoires, parle d'un certain Hubert, qui, les mains derrière le dos, avec du papier et des ciseaux, découpait le portrait des personnes présentes, dans n'importe quelle attitude [1].

Mais, quelque habiles que soient nos mains, elles ne peuvent se comparer à l'œil. Les mains, en effet, ne peuvent juger des grandeurs ou des contours que par contact, l'œil les juge à distance. Il suit les formes des objets avec une précision admirable, grâce à la sensibilité variée des points de la rétine autour de la tache jaune, et il est servi par des muscles symétriques et délicats qui transmettent immédiatement et nettement à l'âme les moindres sinuosités des surfaces. Il faut donc distinguer les propriétés optiques de l'œil de ses propriétés musculaires. Comme instrument

date. Mais nous croyons que les impressions de l'ouïe sont encore bien autrement susceptibles d'être reproduites avec vivacité et fidélité. Quelle différence entre la manière, toujours plus ou moins confuse, dont on se représente un paysage ou les traits d'une personne, et la netteté avec laquelle on se remémore les paroles, le son de la voix, le chant! C'est qu'ici l'appareil reproducteur est essentiellement le larynx, qui, dans l'acte du souvenir, refait, d'une manière affaiblie à la vérité, tous les mouvements qui caractérisent l'acte réel. (Cf. HERBERT SPENCER, *Principes de psychologie*, §§ 68, 97, 118; pages 171, 233, 264 de la traduction française.)

[1] Livre VII. « On eût dit, ajoute Marmontel, qu'il avait les yeux au bout des doigts. »

d'optique, il nous fournit les notions de lumière et de couleur; comme instrument du sens de la motilité, il nous fournit la notion de forme, et, sous ce rapport, sa mobilité et la sensibilité particulière de la tache jaune sont ses qualités essentielles; peu importe la forme de l'image qui se peint sur la rétine et les couleurs qu'elle reflète.

IV

LA SENSATION

Il est jusqu'à présent établi que tout jugement conscient
est la conclusion d'une série de jugements enfouis dans
l'inconscience, et qu'ainsi, pour leur étude, le sens intime
ne peut nous être d'aucun secours. Les jugements inconscients appartiennent au passé de notre individu, et comme
ce passé se perd à son tour dans celui de l'espèce, nous voilà
conduit à rechercher les prémisses d'un jugement actuel
dans les actes intellectuels des premiers êtres sensibles. Or,
l'on est porté à croire, par une série d'inductions fondées sur
la géologie, que les premiers êtres apparus sur le globe
étaient d'une simplicité tout à fait élémentaire ; et la paléontologie, dont les découvertes sont confirmées par l'embryogénie, nous montre que les organes des sens n'ont pas toujours été aussi perfectionnés qu'ils le sont maintenant.
Aujourd'hui encore, il y a des êtres sensibles, comme les
monères, sans aucune espèce d'organisation, et tout animal
naît d'un œuf qui en soi n'est guère plus compliqué qu'une
monère. Le problème consisterait à tirer d'une sensibilité
rudimentaire et primitive les sensibilités spécifiques, sensibilités pour la lumière, la pression, le son, la chaleur, etc.,
qui n'en seraient ainsi que des modes.

Cette manière de concevoir les phénomènes psychiques est justifiée par les idées que l'on a aujourd'hui sur les phénomènes physiques.

Actuellement, en effet, la science tend à ramener tous les phénomènes de la nature matérielle à des mouvements soit de transport dans l'espace, soit moléculaires. Le mouvement est l'expression de la force; quand la force n'engendre pas de transport visible, elle produit un mouvement moléculaire. Ainsi, lorsqu'une force écartant une corde de violon de sa position de repos, lui en a donné une autre où un obstacle la maintient, cette force se traduit en mouvements moléculaires vibratoires tant de la corde que de l'obstacle. Si l'on fait cesser cet arrêt, ces mouvements moléculaires se transforment en mouvement de transport, puis, la position de repos dépassée, ce mouvement de transport se convertit à son tour graduellement en mouvements moléculaires. Le mouvement de va-et-vient se continue jusqu'à ce qu'il soit amorti par la résistance de l'air et des points d'attache et par la roideur de la corde. Quant aux qualités des corps, on les attribue au mouvement soit des molécules, soit des atomes qui les constituent. C'est la nature particulière du mouvement moléculaire qui fait qu'un corps est solide, liquide ou gazeux, sonore ou lumineux, et c'est du mouvement des atomes que dérivent ses propriétés chimiques.

Sans doute, on ne peut guère actuellement soupçonner à quelle différence dans les mouvements constitutifs est due, par exemple, la différence de l'or et de l'argent; mais l'idée que c'est dans ces mouvements qu'il faut la chercher n'en est pas moins universellement admise.

Le mouvement moléculaire ou atomique est interne. Il diffère du mouvement visible ou du transport dans l'espace, en ce qu'il ne fait pas sortir le corps du lieu qu'il occupe. L'exemple de la corde de violon peut nous donner une idée de cette différence. Chaque partie de la corde change de place et manifeste un mouvement sensible. La corde, elle, ne se transporte pas dans l'espace; elle reste attachée au violon; elle oscille seulement autour d'une position moyenne. C'est sous cette dernière forme qu'on doit se représenter le mouvement moléculaire ou atomique.

Si cette conception moderne est vraie, il en résulte que l'univers matériel apparaîtrait à notre intelligence, supposé qu'elle fût parfaite, comme composé de groupes différents d'atomes, groupes mobiles dans l'espace, pendant que tous les atomes oscillent autour d'un centre d'équilibre. Elle n'y verrait pas d'autre variété que celle dépendant de la vitesse et de la direction des groupes, de la rapidité et du sens de la vibration des atomes.

Mais il y a plus. La science actuelle, depuis la découverte de l'équivalent mécanique de la chaleur et du principe de la conservation de la force, regarde avec raison le mouvement de transport et le mouvement moléculaire comme pouvant se transformer l'un dans l'autre, et nos muscles, ainsi que nos machines à vapeur, ne sont pas autre chose que des appareils appropriés à opérer cette transformation.

De là, une conséquence importante : c'est que, idéalement, les phénomènes les plus divers en apparence, comme la chaleur, la lumière, le bruit, que l'admiration qu'on éprouve devant un beau tableau de Rubens ou le plaisir que nous procure un opéra de Rossini, sont dus à des causes extérieures réductibles l'une à l'autre et, par conséquent, au fond, identiques. Elles se ramènent, en effet, toutes au mouvement et leurs différences tiennent à la diversité des appareils sensoriels qui les perçoivent.

Une semblable réduction est-elle possible pour les phénomènes de la sensibilité? Essayons d'y arriver. Il nous faut pour cela étudier la sensation, abstraction faite de sa qualité, et rechercher d'après quelles lois elle croît ou elle diminue, sous l'influence de l'excitation.

Nous savons que, dans ce but, nous devons dresser une double échelle : d'un côté, on doit inscrire les intensités successives de la cause physique que l'on fait croître ou décroître uniformément ; de l'autre, les grandeurs respectives du phénomène psychique de la sensation qui y correspond. Mais pour cela, il faut mesurer la sensation, arriver à la représenter en nombres, à pouvoir dire que telle sensation est le double ou la moitié de telle autre. Le sens intime nous apprend seulement si elle est égale, plus forte ou plus faible, mais ne nous fait pas connaître exactement le degré. C'est là une grande difficulté, qu'on est parvenu heureusement à tourner et à vaincre.

La question de la mesure des sensations avait déjà été en quelque sorte entrevue par des savants du siècle dernier ou du commencement de ce siècle ; mais ce fut un Allemand, Weber, qui, par des recherches étendues, prépara un travail d'ensemble et qui formula le premier une loi à laquelle Fechner a donné le nom de son inventeur. Enfin, c'est à Fechner que revient la gloire d'avoir coordonné les travaux de ses devanciers et de ses contemporains, et de les avoir complétés par ses propres découvertes.

Trois méthodes ont été employées par ces savants pour arriver à la mesure des sensations. Comme le but de ce travail n'est pas d'entrer dans le détail de ces investigations, nous nous contenterons de donner un exemple de l'emploi de la première méthode.

Soient A et B deux poids à comparer. La différence entre eux peut être assez faible pour qu'on ne la perçoive pas et qu'on les juge égaux. Par contre, si cette différence est considérable, elle n'échappera pas au sentiment. Si donc on fait croître la différence d'abord presque nulle des poids A et B, en augmentant, par exemple, le poids B, il arrivera un moment où, d'imperceptible qu'elle était, la différence deviendra perceptible. A ce moment, on peut dire que la sensation de poids a crû d'une certaine quantité, qui, dans le cas présent, est la quantité la plus petite possible qui soit appréciable. Si maintenant je compare le poids B ainsi obtenu avec un poids C, que l'on va faire croître de la même façon jusqu'au moment où je juge que C est plus lourd que B, on pourra dire que la sensation de poids a crû chez moi d'une nouvelle quantité égale à la première, puisque c'est encore la plus petite quantité possible qui s'ajoute à la sensation. On conçoit sans peine qu'on puisse ainsi, d'un côté, obtenir une série de poids A, B, C, D, qui nous procurent, de l'autre côté, des sensations différant d'une même quantité appréciable.

On peut appliquer cette même méthode à la sensation de lumière. Qu'on imagine une série de bandes parallèles de même épaisseur et teintées par différents tons de gris, allant du plus foncé au plus clair et choisis de telle façon que les contrastes sensibles entre deux teintes voisines soient partout jugés égaux; on pourra dire que la sensation de lumière croît de l'une à l'autre de quantités équivalentes.

Ce procédé, comme on le voit, est applicable aux sensations de son, de chaleur, de pression. Il n'est pas irréprochable au point de vue de l'exactitude; mais les deux autres méthodes viennent le corriger dans ce qu'il peut présenter de défectueux. Nous ne les exposons pas, parce que, pour les bien saisir, il faut être initié aux mathématiques.

Ces trois méthodes conduisent à des résultats sensiblement concordants, d'où ressort une loi d'une exactitude suffisante entre certaines limites et qui porte le nom de *loi de Weber*. En voici la formule :

Tout accroissement constant de la sensation correspond à un accroissement d'excitation constamment proportionnel à celle-ci.

Ainsi l'expérience nous apprend que la différence de deux poids n'est perceptible que si l'un dépasse l'autre de 1/17. Ce qui veut dire que je m'apercevrai de la différence d'un gramme, si je compare des poids de 17 et de 18 grammes; d'un hectogramme, si je compare des poids de 17 et de 18 hectogrammes; d'un kilogramme, si je compare des poids de 17 et de 18 kilogrammes. Mais je ne m'apercevrai pas d'une différence d'un gramme ajouté à un poids d'un hectogramme, et la différence d'un hectogramme, parfaitement saisissable sur des poids d'environ 17 hectogrammes, cesse de l'être pour des poids de plusieurs kilogrammes.

Pour qu'une lumière donnée subisse un accroissement perceptible, il faut que cet accroissement soit du 1/100.

Le son doit croître par tiers, ainsi que la pression, la température.

La loi de Weber peut encore s'exprimer comme suit :

Pour que la sensation croisse en progression arithmétique, il faut que l'excitation croisse suivant une progression géométrique.

On sait qu'une progression arithmétique est une série de termes différant tous de la même quantité; et que, dans une progression géométrique, un terme quelconque est égal au terme précédent multiplié par le même nombre.

Ainsi, pour que la sensation croisse comme les termes de la progression arithmétique 1, 2, 3, 4..., il faut que l'excitation croisse soit comme 1, 2, 4, 8..., soit comme 1, 3, 9, 27..., soit selon toute autre progression géométrique[1].

Cette loi de Weber est conforme à des faits pour ainsi dire habituels. La lumière d'une bougie, brillante dans l'obscurité, est faible au jour, nulle en plein soleil. Le rayonnement de cet astre éteint les étoiles; celui de la lune n'éteint que les moins éclatantes. On distingue difficilement du dehors ce qui se passe dans un appartement, parce que la lumière de l'intérieur est très faible par rapport à celle de l'extérieur. Le tic-tac de la pendule s'entendra parfaitement dans le silence de la nuit et sera étouffé par les bruits de la journée. On se trompera de quelques millimètres, si l'on essaie de tracer à l'œil une ligne d'un décimètre, et de quelques centimètres, si la ligne doit être d'un mètre.

Enfin, cette loi se trouve confirmée par une loi musicale très anciennement connue; elle est précisément de même nature : Le ton croît d'une octave si le nombre des vibra-

[1] Pour les mathématiciens, la loi de Weber se formule comme suit : La sensation est proportionnelle au logarithme de l'excitation.

tions est doublé; de deux octaves, si ce nombre est quadruplé; de trois octaves, s'il est octuplé, et ainsi de suite.

Cependant, cette loi de Weber, dans les limites les plus favorables, n'est qu'approximative, ainsi que l'ont démontré des expériences délicates que nous avons faites[1]; elle est tout à fait insuffisante en dehors de ces limites, c'est à dire quand l'excitation est très faible ou très forte. Prise à la lettre, elle est sujette à des critiques de toute espèce qui ne permettent en aucune façon d'y voir l'expression de la vérité absolue.

Si la loi de Weber était absolument vraie, on pourrait dire que la lecture d'un écrit, par exemple, devrait être également facile, à quelque lumière qu'elle se fasse. Sans doute, entre certaines limites, très éloignées d'ailleurs, on peut lire distinctement; mais tout le monde sait que la lumière peut être assez faible pour que la lecture devienne pénible et même impossible; et, d'un autre côté, on peut supposer une clarté assez forte pour que le lecteur soit ébloui et devienne incapable de rien déchiffrer.

Weber, dans sa formule, ne tient non plus aucun compte de l'état de l'organe. Or, c'est un fait bien connu encore, que si, en plein jour, on entre dans une cave, on commence par ne rien voir; puis, peu à peu on s'accoutume si bien à l'obscurité que tous les objets y deviennent distincts. L'expérience inverse est tout aussi concluante. Sortez de la cave, et la lumière d'une simple bougie vous éblouira au premier instant, de manière à paralyser complétement votre œil, et peu à peu l'éblouissement disparaîtra.

Une autre remarque fondamentale, c'est que toute excitation trop forte a pour effet de diminuer le caractère propre de la sensation en lui donnant le caractère plus général du malaise ou de la douleur. Le trop grand chaud n'est plus perçu comme chaleur, mais comme douleur. Il en est de

---

[1] Voir notre ouvrage intitulé : *Étude psychophysique. Recherches théoriques et expérimentales sur la mesure des sensations.* Bruxelles, Muquardt, 1873. (Extrait du t. XXIII des Mémoires de l'Académie de Belgique.)

même du trop grand froid, d'une pression trop considérable, d'un bruit trop intense, d'une lumière trop éclatante. La langue goûtera l'acidité du vitriol fortement étendu d'eau ; elle ne goûtera pas celle du vitriol pur, parce que l'impression qu'elle en recevrait ressemblerait à celle qu'éprouve la main soumise à la même action. C'est que l'organe s'épuise vite sous des actions si puissantes et devient bientôt incapable de remplir ses fonctions.

La sensation présente donc trois caractères. En premier lieu, elle va en s'affaiblissant dès l'instant où elle apparaît ; en second lieu, pour croître, elle doit être provoquée par des excitations de plus en plus fortes ; en troisième lieu, à mesure qu'elle croît, elle s'altère sensiblement et se transforme en malaise, puis en douleur, et l'excitation peut même amener la désorganisation, la destruction de la sensibilité.

De ces trois lois, la première, comme il a été dit, est confirmée par des faits d'observation journalière. Entrez dans un bain ou trop chaud ou trop froid, la première sensation que vous éprouverez sera très vive, et elle diminuera bientôt. L'expérience n'en a pas encore déterminé la formule, mais il est à présumer que cet affaiblissement suit une marche progressive, analogue à la manière dont un corps chaud placé dans un milieu plus froid perd son calorique : cette perte est d'autant plus sensible que la différence de sa température avec celle des milieux est plus grande.

La seconde loi est amplement déterminée par l'expérience entre des limites suffisamment étendues ; elle est conforme à celle qui exprime le travail nécessaire pour diminuer par la pression le volume d'un gaz. On conçoit même sans l'aide du calcul que la réduction progressive de ce volume exige des quantités de travail de plus en plus considérables; en d'autres termes, qu'il soit plus difficile, par exemple, de lui faire, par la compression, perdre un litre, quand il n'en a plus que deux, que quand il en a encore dix.

Enfin, de la troisième loi, confirmée par l'observation, vérifiée, mais imparfaitement, par l'expérience, il ressort que l'organisme peut être assimilé à une corde élastique qui vibre naturellement autour d'une position d'équilibre, qui peut être écartée plus ou moins de cette position et qui se rompt si l'écart est trop considérable.

Si ces analogies sont exactes — et rien n'empêche actuellement de le croire — on peut en conclure que la sensation est produite par une différence d'équilibre entre la force propre à l'organisme et la force du milieu ambiant; qu'elle est proportionnelle au travail que produit la chute d'une force sur l'autre, et que, par cette chute, l'organisme est éloigné ou rapproché de sa position d'équilibre, ce qui, dans le premier cas, cause peine, et dans le second cas, plaisir.

Un exemple mettra le lecteur en état de comprendre cette explication. On a chaud ou l'on a froid quand la température de la peau est inférieure ou supérieure à celle du milieu ambiant; voilà la rupture d'équilibre. Si elle est inférieure, il y a chute de chaleur sur le corps; si elle est supérieure, la chute se fait du corps sur le milieu ambiant. L'impression est le travail de cette chute, tout à fait semblable au travail d'une machine à vapeur. Enfin, le chaud ou le froid nous seront agréables si le résultat de cet échange réciproque de température nous rapproche de la température normale habituelle; ils seront désagréables dans la supposition contraire [1].

La sensation n'est donc que le fait psychique interne correspondant au fait physique externe de l'impression. Mais le parallélisme exclut l'identité. C'est à dire que nous ne concevons pas le passage de l'insensible au sensible; nous ne concevons pas de premier terme à l'insensibilité. C'est ainsi que nous ne pouvons concevoir la création de la matière, ni la création du mouvement. Notre esprit ne peut se représenter un état initial de l'univers que comme contenant déjà en lui-même la matière, le mouvement et la sensibilité. Un philo-

---

[1] Dans un mémoire présenté à l'Académie royale de Belgique en juin 1875, imprimé dans le tome XXVI du Recueil in-8°, et portant pour titre *Théorie générale de la sensibilité* (Bruxelles, Muquardt, 1876), nous avons démontré toutes les propositions qu'ici et dans ce qui va suivre nous nous contentons d'énoncer.

sophe a dit : Donnez-moi de la matière et du mouvement et je créerai le monde! Le monde physique, oui ; mais le monde psychique, non ! Pour cela, il lui faudrait la matière sensible.

II. L'organisme homogène. L'organe de sens adventice. L'organe de sens permanent. L'organisme complexe. Spécificité des organes de sens.

L'être sensible le plus élémentaire qui se puisse concevoir peut être comparé à une sphère dont les parois, de texture homogène, renferment une substance élastique qui les tend. Le degré de tension intérieure y est en proportion de la pression extérieure. Supposez cette sphère sensible, elle ressentira les changements du dehors sous la forme d'une augmentation ou d'une diminution de tension, comme malaise ou comme bien-être, suivant que la variation l'éloignera ou la rapprochera de son état normal. D'ailleurs, tant que les modifications du milieu où elle se trouve placée ont lieu uniformément autour d'elle, sa forme sphérique ne sera pas altérée ; elle n'éprouvera pas de sensation proprement dite, car elle ne ressent que son état *présent*, et non pas le *changement*. A proprement parler, cette sphère n'est pas encore un animal, elle n'est pas organisée ; mais il faut peu de chose pour qu'elle le devienne.

Admettons, en effet, que le milieu ne change pas également partout autour de la sphère, mais commence par changer en un endroit circonscrit en dehors de celle-ci. Pour se représenter la chose, on peut imaginer que le changement provienne d'un foyer de chaleur, par exemple. La sphère va s'échauffer du côté tourné vers le foyer. Pendant quelques instants, c'est de ce côté seulement que se fera la rupture d'équilibre, que la tension se fera sentir. Ce côté sera, pendant ces instants, un *organe*, mais un organe *adventice* et *instantané* de sensation. Les parois de la sphère n'auront plus partout la même composition et, comme la modification affectera, suivant les cas, tantôt un point, tantôt un autre, on peut dire que cette sphère sera un champ perpétuel d'organes instantanés de sensations.

A partir de ce moment, la sphère est organisée, elle est un animal dans le sens propre de ce mot.

En effet, à partir de ce moment, il y a en elle différenciation ; car dans l'organe elle sent le présent, tandis que dans le reste de son corps elle continue à sentir le passé. Elle peut donc apprécier le *changement*, puisque le changement fait pour ainsi dire deux parts de son individu ; et comme tous les instants de la durée vont, par la formation successive d'organes adventices, se relier l'un à l'autre, l'animal sera doué d'une *individualité psychique permanente*.

L'organe ainsi formé aidera, en outre, l'animal à *se conserver ;* car la tension ou le relâchement *local et circonscrit* de l'organe l'avertira, avant qu'il éprouve l'effet *général*, si le changement qui se produit lui procurera peine ou plaisir.

Enfin, il lui servira d'*instrument temporaire d'expérience*, puisqu'il pourra, par son moyen, explorer le milieu où il se trouve et s'arrêter à temps devant le danger.

L'enveloppe de l'animal a donc en un de ses points subi un changement momentané et plus ou moins profond. Si le milieu reprend son état primitif, ce point tendra à revenir, lui aussi, à sa forme première. Mais, en général, on peut affirmer qu'il lui restera une trace ineffaçable, si faible qu'elle soit, de l'action qu'il a subie. Si, par exemple, il est pour une seconde fois soumis à la même action, il reprendra plus facilement son rôle d'organe adventice. En effet, le changement extérieur, quand il a affecté cette partie de l'enveloppe, y a rencontré certaines résistances et il les a vaincues ; par là, les forces qui unissaient entre elles les molécules de cette partie ont été, sinon détruites, tout au moins affaiblies ; et si ce même changement se reproduit souvent sur ce même endroit, celui-ci finira par acquérir une aptitude spéciale à se mettre rapidement à l'unisson avec l'extérieur. C'est ainsi que le contact souvent répété d'un aimant finit par aimanter un barreau d'acier, parce que les molécules de celui-ci, souvent dérangées, finissent par rester dans la position qu'on leur fait prendre.

Si donc, pour une raison ou pour une autre, un endroit de l'être sensible est exposé à subir, de préférence à tout autre, une action spéciale de la part de l'extérieur, il devient de plus en plus apte à répondre à cette action, et l'organe *adventice* se transforme en organe *permanent*.

L'organe permanent jouit de toutes les propriétés de l'organe adventice, mais il en possède qui lui appartiennent à lui seul. Son rôle terminé, l'organe adventice disparaît et cède sa place à un autre; mais l'organe permanent joue constamment le rôle d'avertisseur, les expériences passées font son éducation, de manière qu'il devient le lien de l'association des expériences, l'origine du perfectionnement intellectuel de l'animal, la source première de l'évolution de l'espèce. L'organe adventice est une sentinelle qui sait crier : *Qui vive!* quand quelqu'un passe à la portée de ses regards; l'organe permanent est un éclaireur qui bat le terrain pour s'assurer de la présence d'un butin ou d'une proie et vient rendre compte à son chef du résultat de ses investigations.

Jusqu'à présent, nous n'avons considéré dans la nature que la force abstraite et nous n'avons fait entrer en nulle ligne de compte les mouvements variés sous la forme desquels elle peut se manifester. Or, on conçoit qu'il peut naître chez l'animal autant d'organes qu'il y a d'espèces de mouvements naturels. Ainsi, par exemple, du côté du corps tourné vers la lumière, on admettra sans peine qu'il se forme un organe spécialement sensible aux ondes lumineuses; et il se formera de même des organes sensibles aux ondes sonores, aux vibrations chimiques des atomes (odeurs et saveurs), aux rayons de chaleur, etc.; et de ces organes, les uns deviendront permanents (œil, oreille, narines, etc.), les autres resteront adventices (chaleur, pression, etc.). Cette spécialisation des organes s'explique par les mêmes principes. Pour fixer les idées, imaginons que nous assistions à la formation d'un organe auditif et qu'une onde sonore dont les molécules exécutent mille vibrations par seconde vienne frapper les molécules du corps. De celles-ci, les unes ont, par supposition, un mouvement naturel de 1,000 à la seconde, les autres de 700, les autres de 950. Voici ce qui se produira. L'onde ébranlera celles de la première espèce, ne parviendra pas à ébranler les secondes et modifiera la constitution des troisièmes. Elle n'ébranlera pas les secondes, non qu'elle soit sans action sur elles, mais parce que le mouvement commencé sera à chaque instant arrêté, comme quand un sonneur maladroit essaie de mettre une cloche en branle. Et, quant aux molécules de la troisième espèce, elle finira par leur imprimer un mouvement vibratoire égal au sien, parce que leur mouvement qui, par nature, serait un peu en avance ou un peu en retard, sera un peu arrêté ou accéléré par celui des particules sonores. Les résistances vaincues sont en partie brisées, de sorte que cette même onde se propagera de plus en plus facilement le long de la ligne qu'elle aura choisie, et qu'à la fin, cette ligne elle-même finira par prendre naturellement ce mouvement vibratoire dès que la première molécule sera mise en branle.

C'est de cette façon que s'explique cette particularité dont sont doués nos organes de sens, de nous fournir toujours la même sensation, quelle que soit la cause qui les irrite.

Par ce qui précède on comprend aussi comment il se fait qu'il y ait des lacunes dans notre sensibilité, c'est à dire que nous n'ayons pas autant de sens qu'il y a de forces naturelles. Si, par exemple, nous n'avons pas de sens magnétique, c'est que le mode vibratoire des molécules d'un aimant ne rencontre pas dans notre organisme des molécules dont le mouvement naturel soit susceptible de se modifier de manière à se mettre à l'unisson avec l'aimant. Mais si nous n'avons pas ce sens, il n'en faut pas conclure que nous sommes à l'abri des influences magnétiques; seulement, nous les subissons sans pouvoir ni les prévoir, ni les reconnaître, ni les éviter.

Ces considérations, en même temps que les lois de la sélection naturelle en vertu desquelles le plus apte est appelé à survivre, expliquent la position des organes de sens dans le corps, leur accumulation vers la tête, l'aspect bilatéralement symétrique de la plupart des animaux, et ce fait que les organes destinés surtout à pressentir les chocs sont généralement placés à l'extrémité de bras, d'antennes ou de pédoncules quelconques.

V

L'EFFORT

L'animal a maintenant des sensations différant qualitativement et quantitativement, mais nous n'avons pas encore traité en détail de ses perceptions. Nous savons seulement que ses perceptions lui viennent par l'intermédiaire du sentiment de la motilité.

I. Le jugement primitif. La matière et l'esprit. Notion du mouvement et notions dérivées. Rôle de l'organe adventice ou permanent dans l'acquisition de ces notions.

Pour aborder ce sujet, reprenons l'hypothèse d'un animal tout élémentaire, et dans l'univers ne considérons qu'un corpuscule matériel. Imaginons, pour fixer les idées, que ce corpuscule agisse par contact sur l'animal en un point déterminé de son corps. Ce point touché est un organe adventice de pression, et l'animal y ressent une pression différenciée des autres pressions qu'il subit. L'animal pourtant pas pour cela de sensation, car si la pression dure depuis un certain temps, l'animal s'y est accommodé et il s'identifie avec le corpuscule. Mais comme il est doué de mouvement, il vient à le presser davantage (la supposition inverse, qu'il le presserait moins, comporte la même analyse); il sent cette fois-ci une pression, et il sait en même temps que sa sensa-

tion est venue à la suite de son effort. Mais le corpuscule, de
son côté, s'est mis en mouvement ; ;mouvement qui est la
résultante tant de sa propre figuration que de l'énergie de
l'animal et de la nature des obstacles qu'il rencontrera sur
sa route. Admettons qu'il vienne à se détacher. L'animal va
éprouver une diminution de pression à laquelle il ne pouvait
pas s'attendre. Au premier instant donc, il a ressenti une
pression, voulue à certains égards ; mais au second instant,
il ressent une diminution de pression qui n'est pas un effet
de sa volonté. Admettons que, par un nouvel effort voulu, il
rejoigne le corpuscule et rétablisse l'égalité de pression, il
s'apercevra que cette égalité a été obtenue par lui, mais
qu'elle est venue à la suite d'une diminution qu'il n'avait
pas voulue. C'est la comparaison entre les effets voulus et les
mêmes effets non voulus qui lui donne l'idée de l'extérieur.
Il arrive de cette façon à reconnaître qu'il y a en dehors de lui
des causes semblables à lui, mais qui, à certains égards, sont
indépendantes de lui. C'est le premier jugement : *il y a
quelque chose en dehors de moi.*

Mais ce jugement lui-même, on le sent, est une conclusion raisonnée. Pour le porter, il faut, en effet, que l'être
sensible ait compris que cette résistance, cet arrêt dans son
mouvement n'était pas voulu, ce qui suppose qu'il sait ce
que c'est qu'un mouvement voulu ; et, d'un autre côté, il ne
peut comprendre ce que c'est que la volonté s'il n'a éprouvé
des sensations involontaires. Pour être averti de son existence, il faut qu'il éprouve un changement d'état et, pour
juger qu'il y a changement d'état, il faut que son état antérieur lui soit connu. Nous tournons donc dans un cercle
vicieux ; c'est à dire que nous ne pouvons comprendre comment se forme le premier jugement. Dès que nous avons ce
premier jugement, nous nous rendons fort bien compte de la
formation du second ; mais l'origine du premier nous
échappe tout à fait.

Comme le jugement primitif implique volonté, conscience,
raisonnement, intelligence, nous voilà amené à dire de ces
facultés ce que nous avons dit de la sensibilité : que nous

ne pouvons les faire naître d'autre chose, qu'elles sont irréductibles, créées ou éternelles au même titre que la matière et le mouvement [1].

L'animal s'est donc reconnu comme force, en même temps qu'il admet qu'il y a en dehors de lui quelque chose capable de résister à sa force, de contrecarrer sa volonté. Cette chose, c'est, pour lui comme pour nous, *la matière*. La matière, c'est le nom commun que nous donnons à toutes les forces qui arrêtent la volonté; c'est ce qui est opposé au moi conscient, au moi *esprit*.

Poussons plus loin notre hypothèse. Imaginons que le corpuscule se meuve de lui-même, que ce soit comme une proie vivante et que l'animal le poursuive. Il est inutile, pensons-nous, de faire remarquer qu'on peut renverser les termes de la supposition, et que le raisonnement reste le même. Pour le suivre, l'animal doit maintenir l'égalité de la pression, et pour cela il doit à chaque instant faire de nouveaux efforts; ces efforts sont *voulus*, mais ils sont *commandés* par autre chose; il sent qu'il *se meut*, mais il se dit que le corps *se meut* de même. Il acquiert de cette façon la notion du *mouvement continu*, et le mouvement n'est pour lui que la manifestation sensible du déploiement de sa force.

La notion du mouvement résulte donc d'une suite de comparaisons entre des sentiments d'efforts et des sensations de pressions voulus sous un certain rapport, non voulus sous un autre rapport. Et l'on remarquera à ce sujet que cette comparaison n'est possible que grâce à l'opposition toujours actuelle entre l'état sensible de l'organe adventice et l'état sensible du reste de la périphérie, le premier état se rapportant au présent, le second au passé. Tels sont les jugements subséquents.

Nous avons supposé que le corpuscule agissait par contact; le raisonnement eût été identique si nous avions supposé

[1] La même conclusion est formulée par J. Tyndall, dans un article serré et profond sur *le Matérialisme et ses adversaires en Angleterre*, publié dans la *Fortnightly Review*, et reproduit par la *Revue scientifique* du 6 novembre 1875.

qu'il agissait à distance. Qu'il soit un point lumineux ou sonore, une substance odorante, un foyer de chaleur, du moment qu'il détermine la formation d'un organe, l'animal pourra à son gré augmenter ou diminuer la sensation qu'il éprouve ou se donner pour tâche de la maintenir égale. Dans ce dernier cas, si le corpuscule est mobile, l'animal devra le suivre, et son mouvement sera voulu dans son principe, mais non voulu quant à la direction.

Une fois que l'animal a la notion du mouvement, il a par là même, d'une façon plus ou moins obscure, les autres notions cinématiques. La *durée*, c'est le mouvement abstrait; le *temps*, un mouvement uniforme pris pour unité; la *vitesse*, le rapport du mouvement au temps. La *distance* est appréciée par la quantité d'effort nécessaire pour la parcourir; la *direction*, par la position du point affecté par l'objet relativement au corps de l'animal (voir plus loin). La *situation* ou le *lieu* est le produit de la combinaison des notions de distance et de direction; l'*espace*, c'est la synthèse des lieux possibles. Enfin, la *forme* est une synthèse de distances et de directions[1].

Savoir où est un objet, c'est savoir quel mouvement il faut faire pour en recevoir telle ou telle sensation. Il ne s'agit pas ici, bien entendu, de la position dans le sens mathématique du mot. On est censé connaître le lieu d'une chose quand on sait comment il faudrait se mouvoir pour s'en rapprocher, s'en éloigner ou s'en garer. Peu importe d'ailleurs que cette chose existe ou n'existe pas (lumière réfléchie), ou qu'elle apparaisse là où elle n'est pas (lumière réfractée).

Cette connaissance ne pourrait se produire sans la formation de l'organe adventice. Si, quand le vent souffle, nous éprouvions un effet général, c'est le hasard seul qui pourrait nous en préserver. Mais comme le vent donne lieu à la formation d'un organe adventice du côté où il souffle, nous devinons d'où il vient et nous pouvons ou lui tourner le dos, ou interposer entre lui et nous des obstacles qui l'arrêtent.

[1] Dans notre *Essai de logique scientifique*, nous avons justifié la plupart de ces définitions, p. 271 sqq.

L'organe adventice produit donc chez l'animal une *orientation adventice*. A son défaut, il serait déconcerté et ne pourrait suivre l'objet; avec son aide, il peut *s'orienter*. L'organe le *dirige*, c'est un pilote qui le guide, qui lui fait éviter les écueils et le conduit au port. Son rôle terminé, l'organe, s'il est adventice, disparaît, et l'expérience momentanément acquise est perdue pour l'avenir. S'il est permanent, l'orientation de l'animal est permanente, il possède un *axe naturel*, passant, par exemple, par l'organe et le centre de gravité. Dès lors, il possède, à titre perpétuel, une règle et un compas pour apprécier la position et la forme des objets, il peut acquérir une expérience qui lui reste, et il est *perfectible* en ce sens qu'il peut de plus en plus vite former son jugement sur la position des corps ou sur la route qu'ils suivent.

Appelons *directeur* l'organe de sens qui guide la motilité. Le jugement sur la forme et la position des objets est d'autant plus exact que, d'un côté, cet organe est plus précis et que, de l'autre côté, nous savons mieux apprécier les différences d'effort.

Si nous voulons déterminer la direction du vent, nous pouvons tourner la tête vers le point de l'horizon d'où il semble venir, et par la position que nous devons prendre nous trouvons le lieu d'origine. Mais cette détermination est assez vague, parce que l'organe par lequel nous nous mettons en rapport avec le vent, à savoir la peau du visage, occupe une grande étendue sans présenter des parties plus restreintes et notablement plus sensibles. Nous serons mieux servis par la main, qui, se trouvant au bout du bras, peut se placer plus nettement encore dans la direction vraie. Tout le monde sait enfin que si l'on expose à l'air un doigt humecté, l'évaporation précisera davantage encore le point d'origine. Mais à coup sûr, si nous étions insensibles au mouvement de l'air sur toute la surface du corps et que nous eussions un organe mobile en forme de tube, dont le fond serait seul sensible au vent, nous déterminerions la direction d'autant plus exactement que le tube serait plus long et plus étroit.

Ce que nous disons de la direction peut se dire des distances ou grandeurs. Il est clair que les notions de l'animal à cet égard seront plus ou moins nettes suivant ses aptitudes à apprécier et à comparer les efforts qu'il fait en les parcourant.

Nous nous rendons, en effet, d'autant mieux compte de la forme d'un objet que nous en suivons les contours avec un instrument plus exact ; par exemple avec le corps en marchant, ou avec la main, ou avec l'œil qui, à tous égards, peut être assimilé à ce tube dont nous parlions tantôt. Car on conçoit sans peine qu'il n'est pas nécessaire que l'animal entier se meuve, du moment qu'il a la faculté de mouvoir volontairement son organe autour de lui-même. L'organe fait l'office de la main que l'aveugle immobile promène sur le contour des objets qu'il tâte. Les différents replis de la peau, les bras, les tentacules, les antennes, les oreilles, le nez, l'œil, peuvent servir tour à tour de sens directeur. La peau de la chauve-souris, le nez du chien, l'oreille du chat sont pour ces animaux ce qu'est la main pour l'aveugle, l'œil pour l'oiseau. Et le bras que projette la monère n'est qu'un tentacule adventice qui sert à diriger ses mouvements et à la renseigner sur les objets de l'espace qu'elle occupe.

L'animal a maintenant, d'une manière plus ou moins confuse, la notion de l'existence du corpuscule et de ses évolutions dans l'espace.

Telle est en germe la notion de l'univers : multipliez les corpuscules, multipliez les sens, l'objet d'un côté sera d'autant plus vaste, l'expérience de l'autre d'autant plus complète et plus rapide.

II. L'effort et la résistance. La répétition de l'acte le rend de plus en plus facile. Le mouvement volontaire, habituel, instinctif, réflexe. Intelligence et automatisme.

Dans ce qui précède nous avons fait jouer le principal rôle au sentiment de l'effort. Ce sentiment naît à la suite des résistances qui s'opposent au mouvement voulu. L'animal, par exemple, veut fuir ou poursuivre un objet, mais le mouvement ne suit pas immédiatement sa volonté; il doit pour cela déployer un effort et vaincre certaines résistances qui proviennent d'un arrangement des molécules peu favorable au mouvement. Le mouvement cependant finit par se propager suivant la ligne des molécules dont la vibration naturelle présente avec lui le moins de divergence, et, en se propageant, il diminue encore cette divergence. De là résulte que le même mouvement, quand il est voulu une seconde fois, éprouve moins de résistance; et, à la longue, à force de répétitions, il finit par se faire avec le plus petit effort possible, avec un effort tellement faible qu'il n'est plus senti.

Comment l'enfant apprend-il à lire? Il doit d'abord se pénétrer de la forme des lettres. Dans les premiers temps, il confond les *a* et les *o*, les *n* et les *u*, les *b*, les *d*, les *p* et les *q*; il doit se livrer à beaucoup de comparaisons pour reconnaître leurs caractères distinctifs; chaque fois qu'il porte un jugement, qu'il dit d'un *a* que c'est un *a* et d'un *o* que c'est un *o*, il a dû se raisonner à lui-même le pourquoi de ce jugement. Mais par l'exercice, ce jugement devient de plus en plus rapide, de manière que, ce premier pas fait, on peut procéder avec lui à l'étude des syllabes. Il faut maintenant qu'il apprenne à distinguer *na* de *an*, *ou* de *uo*, *ie* de *ei*; nouvelles comparaisons, nouveaux raisonnements, nouveaux exercices; puis, ces difficultés sont à leur tour surmontées. On aborde alors la connaissance des mots, puis des phrases. Que de temps, que d'efforts, que d'études sont nécessaires avant qu'il en arrive à lire couramment! Il y parvient cependant et, à la fin, il saisit immédiatement le sens d'une phrase par la simple inspection du texte, comme certains joueurs font d'un coup d'œil l'addition de cinq ou six dés de dominos étalés devant eux. Arrivé à ce point, il n'a plus même conscience des actes préliminaires par lesquels il doit passer pour avoir l'intelligence de la phrase. Il ne s'aperçoit plus qu'il épelle, qu'il juge de la forme des lettres et de leur position respective dans les syllabes, etc.; il lui semble qu'il comprend d'emblée ce qu'il lit. Et comment apprend-il à tracer les lettres avec sa plume, à les assem-

7

bler pour en former des mots, à soigner l'orthographe? Tous les premiers mouvements sont voulus, sont faits avec pleine conscience, — il est inutile que nous refassionsnotre analyse — et à la fin, il en arrivera à écrire sous la dictée, sans même faire attention aux paroles qu'on prononce. La main obéira d'elle-même au son qui frappera l'oreille.

L'exercice porte ici sur le sens musculaire. L'enfant n'a pas procédé autrement pour apprendre à marcher : *tous ses pas ont d'abord été voulus*, avant d'être naturels; c'est ainsi qu'il apprend à voir ou plutôt à regarder, qu'il apprend à entendre, à odorer, à goûter.

Dans ces perfectionnements successifs du mouvement, on peut distinguer quatre moments principaux reliés entre eux par un très grand nombre de moments intermédiaires : le mouvement *volontaire, habituel, instinctif, réflexe* ou *automatique*.

On peut dire, d'une manière générale, que le mouvement est volontaire *quand on sait comment et pourquoi on le fait;* qu'il est habituel quand on le fait *sans savoir comment;* instinctif quand on le fait *sans savoir pourquoi;* réflexe quand on le fait *sans le savoir*.

L'habitude s'acquiert par l'*exercice*, et elle modifie l'organisme jusque dans les ovules et les spermatozoïdes. La modification des parents se retrouve donc à un degré plus ou moins marqué chez les descendants, sous forme d'*aptitude* ou de *besoin* d'abord, d'*instinct* ensuite.

Enfin, l'instinct lui-même finit par se transformer en *automatisme* lorsque les mouvements se produisent à la suite d'une impression non sentie. Ils s'exécutent alors sans connaissance, mais la connaissance a présidé à leur naissance. Telle est l'explication de l'admirable finalité des mouvements réflexes, de leur appropriation au but.

Si l'on extirpe d'une manière convenable les hémisphères cérébraux de la grenouille, elle ne voit plus rien, n'entend plus rien, ne cherche plus sa nourriture. Mais si on la jette à l'eau, elle nage; si on lui met de la nourriture dans la bouche, elle l'avale ; si on l'excite, elle sautera en évitant les obstacles auxquels elle pourrait se heurter. Coupez la grenouille en deux et laissez tomber une goutte d'acide sur l'une de ses pattes postérieures, l'autre patte cherchera à l'enlever. L'homme, dans certains états pathologiques, peut présenter des phénomènes identiques [1].

Ce sont les mouvements réflexes qui faisaient dire à Descartes que les animaux sont des automates, et qui ont fait dire à Huxley que « ce sont des *machines, mais des machines conscientes* [2] ».

C'est l'habitude ou l'instinct, suivant les cas, qui fait que nous nous représentons comme douées d'existence matérielle les figures reflétées dans un miroir; c'est une habitude plus profonde et plus invétérée qui nous fait attribuer un corps aux images de nos rêves ou de notre délire. L'habitude nous explique un grand nombre d'illusions comme celles dont nous nous sommes occupé. C'est par l'habitude enfin, par un exercice répété, que nous dressons les animaux à notre usage. Le premier chien à qui on a appris à arrêter le gibier a dû comprendre que c'était un moyen de s'attirer les caresses et les bons soins de son maître; sa volonté consciente a été primitivement nécessaire pour cet acte. Peu à peu, l'acte est devenu habituel. Puis l'habitude, transmise aux descendants, a donné la race des chiens d'arrêt qui aujourd'hui restent immobiles devant le gibier, sans savoir pourquoi.

Si le poulet, à peine sorti de l'œuf, se précipite sur le grain qu'on lui jette, si le veau ou le chevreau, immédiatement après leur naissance, savent se conduire dans leur étable, si l'oiseau construit son nid avec un art admirable, n'en doutez pas, chacun des détails de ces actes ont été autrefois voulus, exécutés avec conscience successivement et progressivement par leurs ancêtres.

Comme on le voit, l'explication que nous donnons de la

[1] On peut lire, dans la *Revue scientifique* du 24 octobre 1874, p. 389, le cas d'un soldat français atteint, à Bazeilles, d'une balle à la tête, et qui présente périodiquement des phénomènes de réflexivité vraiment merveilleux. Si Huxley ne les admettait pas comme vrais, nous aurions nous-même de la peine à y croire.

[2] *Revue scientifique*, loc. cit., p. 391.

transformation du mouvement voulu en mouvement réflexe est fondé sur les mêmes principes que celle de la formation des organes adventices, permanents, puis spécifiques.

A mesure que l'effort est moindre, le sentiment de l'effort, qui n'est autre que la *conscience*, est moins prononcé. L'état de conscience passe insensiblement à l'état d'inconscience. La conscience accompagne toujours la volonté, elle n'accompagne jamais la réflexivité.

L'explication donnée ici des phénomènes psychiques est l'inverse de celle que l'on soutient ordinairement. On dit généralement que l'intelligence passe de l'état d'inconscience à celui de conscience. Nous pensons le contraire. Tous nos actes intellectuels ont commencé par être conscients, sinon en nous, du moins en nos ancêtres. Le domaine de l'inconscience a été formé par les dépôts des âges passés, par l'accumulation des traces *fixées* des impressions reçues, et il a son expression physique variable dans le *caractère spécifique* de l'individu, caractère obtenu par une action lente et qui peut être également détruit à la longue. La vie consciente de l'individu favorise ses progrès personnels dont quelques uns passeront à sa descendance sous forme d'aptitudes d'abord, d'instinct ensuite et, en dernier lieu, de connexions réflexes. L'intelligence progresse donc vers l'instinct et l'automatisme. L'intelligence consciente est l'ébauche embryonnaire d'une faculté dont l'instinct constitue une forme plus élevée et l'automatisme l'expression parfaite. Cette proposition peut paraître paradoxale. Mais, en fait, l'ouvrier obligé de réfléchir continuellement à la manière dont il doit manier son outil et au but de chacun de ses mouvements, n'est-il pas au lessous de celui qui, maître de sa main et de son art, exécute son travail machinalement et peut, tout en travaillant, chanter causer ou penser à son aise? L'intelligence aboutit donc à sa négation, à l'automatisme qui n'en est, pour ainsi dire, que la cristallisation. N'oublions pas toutefois que l'instinct et l'automatisme sont imperfectibles par cela même qu'ils sont parfaits ou à peu près, tandis que l'intelligence est l'instrument indispensable des progrès, tant de l'individu que de l'espèce.

VI

CONCLUSION

I. Rapports de la conscience et de l'inconscience. L'homme et l'animal. Le langage et le sentiment religieux. Le transformisme.

Il n'y a donc pas de différence essentielle entre les actes conscients et les actes inconscients. La conscience ne peut par suite servir de base à la distinction entre l'homme et les animaux. D'ailleurs, qui a jamais compris d'une manière bien nette les qualités magiques accordées par les psychologistes de profession à ces mots : conscience de soi ? Quand naît cette prétendue faculté ? Comment disparaît-elle parfois en nous? Dans le passage de la veille au sommeil ou du sommeil à la veille, à quel moment sort-on de la conscience pour tomber dans l'inconscience, et réciproquement ? Et le chien, à qui on a lancé une pierre, qui jette des regards autour de lui pour reconnaître le provocateur, qui se demande quel peut être le but de l'aggression. dans l'incertitude si on veut le chasser ou le rappeler, ce chien ne pose-t-il pas des actes aussi conscients que les nôtres, en pareil cas ? Tout bien considéré, ce mot, pour les psychologistes, n'a pas et ne peut avoir de définition précise ; il désigne plus ou moins vaguement une certaine qualité de la pensée ou de la volonté à un certain degré de développement. Ce vague est tellement infé-

rent à cette idée que des philosophes ont été jusqu'à distinguer des degrés de conscience à l'infini, une conscience de
la conscience de soi, puis une conscience de la conscience
de la conscience de soi. Et en fait, il n'y a pas moyen de
s'arrêter dans la voie de ces subtilités oiseuses.

Ainsi doit tomber cette barrière que l'on veut établir entre
l'homme et l'animal.

Au début de notre travail, nous avons dit que nous
aurions à répondre à cette question : *Qu'est-ce qu'un animal?*
acheminement vers cette autre question : *Qu'est-ce que
l'homme?* Nous avons accompli notre promesse.

L'âme animale est une somme d'instinct et de conscience.
Suivant les espèces, cette somme varie et par la quantité
absolue et par le rapport des deux parties qui la composent.

L'homme — celui de certaines races du moins — est un
animal chez qui la somme des actes conscients est notable
et l'emporte peut-être sur celle des actes inconscients instinctifs, qui sont au surplus beaucoup plus nombreux qu'on ne
s'imagine généralement. Citons l'instinct de conservation, de
propagation, de pudeur, d'amour maternel.

On peut en dire autant du chien, de cet intelligent animal
qui comprend notre langage et nos gestes, devine nos inten-
tions et nos pensées, partage nos joies et nos douleurs, s'attache
et se dévoue avec le plus complet désintéressement, dont le
regard enfin, suivant l'expression de Mme de Stael, semble
déceler une âme humaine. Seulement, comparé à l'homme
des races perfectionnées, il lui est inférieur de beaucoup sous
le rapport de la quantité absolue d'intelligence. Cette infé-
riorité cependant ne paraît pas établir une différence plus
grande entre l'Australien et lui que celle qui sépare l'Australien et l'Européen, ou même peut-être la plupart de nous
et le grand Newton.

Chez certaines espèces d'animaux, au contraire, la somme
des actes instinctifs l'emporte sur celle des actes conscients.
Les insectes notamment semblent, aux yeux de bien des
gens, avoir perdu la faculté de faire des actions réfléchies.
C'est là une erreur d'appréciation. Elle provient de ce que les

actes même qui dénotent chez les abeilles et les fourmis, par exemple, une intelligence consciente très développée, disparaissent, pour ainsi dire, devant la complication merveilleuse des actes instinctifs auxquels elles se livrent. Mais quand on compare la quantité microscopique de la substance nerveuse de ces petits animaux à celle dont nous sommes gratifiés, nous n'avons, ce semble, guère le droit de nous targuer de notre supériorité.

Sans doute, le sujet ne laisse pas que de renfermer de grandes difficultés ; nous ne voulons signaler que l'origine du langage, entre autres, et celle du sentiment religieux. C'est à la philologie comparée et à l'ethnographie qu'incombe surtout la tâche de les résoudre. Quels sont les premiers rudiments du langage? Sous quelle forme s'est produite pour la première fois l'idée de Dieu dans l'esprit de l'être intelligent? Voilà comment, si l'on nous a bien compris, la science doit se poser la question pour être le plus sûrement à même d'y faire une réponse. S'il est démontré que ni le langage ni le sentiment religieux ne peuvent se ramener à des actes psychiques communs à l'homme et aux animaux, alors seulement on pourra revendiquer pour l'homme une origine distincte. Il a été dit plus haut que nous ne savons en quoi l'or et l'argent diffèrent, attribuant cependant cette différence au mouvement et au groupement des atomes, parce que, dans le monde matériel, nous sommes poussés et, pouvons-nous dire, autorisés à ramener tous les phénomènes à l'unité. De même, dans le monde des esprits, la science, malgré l'obscurité profonde qui entoure encore de nombreux points, tend à ramener tous les actes intellectuels à un type primordial.

Le transformisme reçoit par là une confirmation nouvelle. La grande conception de Lamark, qui fait de tous les êtres sensibles une chaîne continue dont les anneaux se sont engendrés l'un l'autre et ramène à l'unité de vie les types spécifiques les plus différents, cette conception s'applique aux actes intellectuels les plus variés, qui dérivent ainsi l'un de l'autre et, en dernière analyse, d'un premier acte de conscience ou d'effort senti et voulu, suscité par une première sensation.

II. De la réduction des phénomènes psychiques aux phénomènes physiques. La pensée peut-elle être conçue comme la transformation du mouvement? Déplacement du problème. Considérations finales.

Jusqu'ici, notre étude a mis en évidence l'incommensurabilité des phénomènes psychiques avec les phénomènes physiques. Nous concevons à la rigueur comment, par une suite de perfectionnements successifs, l'intelligence de la monère peut en arriver à égaler celle de Newton ou même une intelligence infinie pour qui l'univers n'a plus de secret, et qui voit du même coup d'œil le passé et l'avenir. Cette conception nous est d'autant plus facile que nous savons que Newton est sorti d'un œuf qui, certes, au moment de sa fécondation, n'avait pas une intelligence égale à celle d'un infusoire. Et cependant nous ne pouvons comprendre en aucune façon par quelle série de transformations il faudrait faire passer une portion de substance semblable à celle du corps de la monère, à l'état insensible, pour la convertir en une substance douée de sensibilité[1].

Un savant éminent, Dubois-Reymond, dans une conférence tenue à Leipzig, s'occupant de cette question de l'origine de la pensée ou de la sensibilité, dit que l'esprit humain doit renoncer à la sonder. Voici ce passage :

« Vis à vis des énigmes du monde matériel, le philosophe dès longtemps est habitué à rendre avec une mâle résignation l'ancien verdict écossais : *Ignoramus*. Il puise dans la carrière victorieuse qu'il a déjà fournie la conviction tacite que ce qu'il ignore encore aujourd'hui, il pourrait au moins, dans certaines conditions, le savoir, et qu'il le saura peut-être un jour. Mais vis à vis de la question, ce que c'est que force et matière et comment elles donnent naissance à la pensée, il faut qu'une fois pour toutes, il se résigne à

---

[1] Il est vrai de dire, toutefois, que si elle était *tout à fait* semblable, elle serait sensible.

ce verdict beaucoup plus difficile à prononcer : *Ignora-bimus*[1]. »

Nous sommes, nous, de notre côté, arrivé à la conclusion de l'irréductibilité du psychique au physique. Cependant, notre esprit demande, pour ainsi dire avec instance, qu'on ne le sépare pas par un abîme du monde matériel où il habite, qu'on rétablisse l'unité entre le physique et le psychique. La chose est désirée et désirable. Pour nous, nous l'avons dit plusieurs fois, nous croyons qu'à sa naissance le monde renfermait déjà l'intelligence aussi bien que la matière et le mouvement. Examinons toutefois comment devraient procéder ceux qui voudraient établir l'identité de la pensée et du mouvement.

Allons hypothétiquement le plus loin qu'il nous est possible.

Une force extérieure a, sous forme de mouvement, agi sur un appareil sensoriel. Elle va se transformer en chaleur, courants électriques, décompositions chimiques, changement de constitutions dans les liquides ou les solides de l'organisme. Nous savons, en tout cas, une chose avec certitude, c'est que cette force ne se perd pas. Poursuivons idéalement cette force jusqu'au bout. Imaginons que le physiologiste, chimiste et physicien, suive cette force extérieure à partir du moment de son entrée dans l'organisme ; qu'il note avec une exactitude absolue toutes les transformations qu'elle éprouve jusqu'à ce qu'il se manifeste un état d'équilibre momentané. S'il constate une somme égale d'effets produits par cette force, la sensation n'est pas le résultat d'une transformation de la force physique. Mais si la somme des effets est inférieure, s'il peut affirmer avec certitude, sans aucune chance de se tromper, qu'il y a là une portion de force qui ne se retrouve pas, alors il pourra soupçonner que cette portion de force a pu se convertir en sensation. Et si la force perdue est proportionnelle à la sensation, il pourra conclure rigoureusement qu'elle en est la cause tout au moins indirecte.

[1] Voir *Revue scientifique*, 10 octobre 1874.

Or, un pas a été fait dans cette voie. Des savants d'Édimbourg, Dewar et Mac Kendrick ont par des expériences délicates faites sur l'œil en vue de vérifier physiologiquement la loi de Weber, établi que la sensation est proportionnelle à l'intensité du courant nerveux transmis au cerveau, car celui-ci est proportionnel au logarithme de l'excitation [1].

S'il était donc possible d'établir que ce courant nerveux parvenu dans le cerveau ne se retrouve pas, l'abîme serait comblé dans une certaine mesure, la conciliation entre les thèses opposées du matérialisme et du spiritualisme s'effectuerait dans le sens indiqué par Herbert Spencer [2], la pensée serait une transformation du mouvement.

Cette thèse est d'ailleurs en conformité avec certains faits de l'expérience journalière. La force dont nous disposons, avons-nous dit ailleurs [3], a la faculté de se transporter d'un point à un autre de l'organisme et de se mettre au service d'organes différents. C'est ainsi que je puis la dépenser en effets musculaires, soit en me transportant d'un point à un autre, soit en soulevant des poids, ou en sensations visuelles, auditives, etc., ou en pensée. Tout le monde peut remarquer que, pendant un effort musculaire violent, marche rapide, saut, danse, exercices gymnastiques, la sensibilité auditive, visuelle, olfactive, tactile, de même que la pensée, l'attention est émoussée et inerte. Or, si la même force peut, d'une façon absolue, se manifester sous forme de mouvement et sous forme de pensée, cela revient à dire que la pensée peut se transformer en mouvement et réciproquement.

Ce point mis hors de doute, la question des rapports du physique et du psychique aurait fait un grand pas, mais elle ne serait pourtant pas encore résolue. Il nous faudrait, en effet, savoir, en outre, *comment* s'opère cette transformation. Nous voyons tous les jours des transformations de mouvements; mais ici il s'agirait d'une métamorphose du mouvement en

[1] Voir le *Journal Nature*, du 10 juillet 1878, et *Revue scientifique* du 27 mars 1875. Voir aussi la note p. 82.
[2] *Principes de psychologie*, nouv. éd., p. 271.
[3] *Étude psychophysique*, p. 47.

quelque chose qui n'est plus mouvement. Car, répétons-le, tant que l'on constate l'existence du mouvement, si la pensée se produit, elle n'a pas de cause, et elle n'a pour cause le mouvement que si celui-ci disparaît. Je n'aurai plus sans doute l'antithèse du mouvement et de la pensée, mais je lui aurai substitué une autre antithèse : celle du mouvement et de la substance de l'appareil qui a pu élaborer le mouvement en pensée, détruire l'un et en faire sortir l'autre. La qualité de cette substance est-elle mouvement ou pensée? On le voit, l'antithèse subsiste. Le cerveau est-il l'appareil transformant le mouvement en sensation? C'est possible, mais rien ne nous autorise à l'affirmer avec certitude, et puissions-nous le faire, le *comment* nous échapperait encore et nous échappera probablement toujours. Une seule chose est certaine, c'est que si nous pouvons comme entrevoir que dans l'avenir on puisse tenter de donner une solution quelconque à l'un ou l'autre des problèmes que nous venons de poser, nous n'en voyons que d'une manière plus claire combien actuellement nous sommes impuissants à les trancher et combien peu de valeur scientifique ont les solutions prématurées qu'on imagine.

On ne doit pas cependant le dissimuler. Les résultats auxquels nous sommes parvenu ne sont pas démontrés comme les vérités mathématiques ou certaines lois physiques. Il faudrait pour cela que les méthodes suivies fussent de tout point irréprochables, que les expériences sur lesquelles on se base ne fussent point susceptibles d'une autre interprétation, que les faits recueillis dans les sciences naturelles ne fussent pas mélangés d'erreurs. Mais ces méthodes, ces expériences, ces observations présentent quelque chose de saisissable à l'esprit; elles ont des caractères précis et positifs, et l'on ne peut avoir la prétention de les renverser ou de les contredire par un simple raisonnement métaphysique. Sans doute, on doit recourir à la généralisation, à l'hypothèse pour interpréter les faits et en tirer des conclusions admissibles, mais il faut tout au moins que l'hypothèse et la généralisation portent sur des réalités et non sur des matières de spé-

culation pure. Là se trouve la différence entre la psychophysique naissante et les vieilles psychologies d'école matérialistes, ou sensualistes, ou spiritualistes. Elle prend son
bien partout où elle le trouve et met en œuvre les travaux
des physiciens, des géologues, des physiologistes, des natu-
ralistes, des philologues, en un mot, de tous les savants : les
Plateau, les Quetelet, les Lyell, les Helmholtz, les Weber,
les Fechner, les Wundt, les Darwin, les Haeckel, les Her-
bart, les Maine de Biran, les Bain, les Spencer, les uns
directement, les autres indirectement, ont contribué ou
contribuent encore à consolider ses bases et à fournir les
matériaux du monument qu'elle se propose d'élever.

E S N

TABLE DES MATIÈRES

———◦◦◦———

www.ingramcontent.com/pod-product-compliance
Lightning Source LLC
Chambersburg PA
CBHW052043270326

41931CB00012B/2606